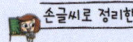

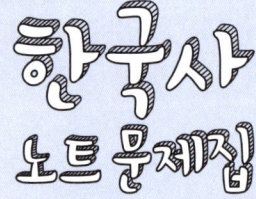

초판 1쇄 발행 2022년 2월 22일

글쓴이 이순, 김소정 | **감수** 송웅섭
펴낸이 황정임
펴낸곳 ㈜노란돼지
등록번호 제 2021-000038호 | **등록일자** 2021년 3월 22일
주소 경기도 파주시 문발로 115(파주출판문화정보산업단지), 307 (우)10881
전화 031-942-5379 | **팩스** 031-942-5378
기획진행 멋지음Book林 | **마케팅** 이주은, 이수빈, 고예찬 | **경영지원** 손향숙
일러스트 곽병철 | **표지/본문 디자인** 메이크디자인

ISBN 979-11-977291-4-0 74900
  979-11-977291-1-9 74900(세트)

품명 손글씨로 정리한 한국사 노트 문제집 **제조자명** 푸른등내 **세소국** 대한민국
주소 경기도 파주시 문발로 115(파주출판문화정보산업단지), 307 **연락처** 031-942-5379
제조년월 2022년 2월 22일 **사용연령** 10세 이상
KC마크는 이 제품이 공통안전기준에 적합하였음을 의미합니다.

 종이에 베이거나 긁히지 않도록 조심하세요.
책 모서리가 날카로우니 던지거나 떨어뜨리지 마세요.

 도서출판 노란돼지는 독자 여러분의 의견을 기다립니다. yellowpig.co.kr

 푸른등대는 바다에서 길을 찾을 때 도움을 주는 등대처럼
지혜로운 삶에 도움이 되는 책을 펴냅니다.

손글씨로 정리한

한국사 노트 문제집

이순, 김소정 지음 / 송웅섭 감수

《손글씨로 정리한 한국사 노트》1, 2를 읽고

배운 것을 확인해 보는 워크북이에요.

1~9장에서는 선사 시대부터 고려까지

10~13장에서는 조선부터 대한민국까지

우리 역사의 중요한 장면,

여러분이 꼭 기억해야 할

내용들을 풀며 완전히 이해해 봐요.

손글씨로 정리한 **세계사 노트 1, 2**

손글씨로 정리한 **중국사 노트**

계속 출간됩니다。

차례

손글씨로 정리한 한국사 노트1 문제집

- **1장** 한반도 역사의 대부분을 차지하는 **선사 시대** 10
- **2장** 우리 민족이 세운 첫 나라, **고조선** 14
- **3장** 고조선 이후에 나타난 **여러 나라들** 21
- **4장** 주몽이 한반도 북쪽에 세운 나라, **고구려** 26
- **5장** 온조가 한강 유역에 세운 나라, **백제** 34
- **6장** 사로국에서 출발한 작은 나라, **신라** 43
- **7장** 삼국을 통일한 최초의 통일 왕조, **통일신라** 56
- **8장** 대조영이 고구려를 계승해 세운 나라, **발해** 63
- **9장** 민족을 완전히 통일한 왕조, **고려** 67

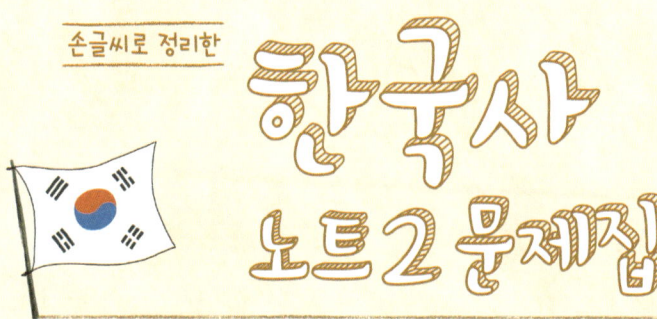

10장 이성계가 세운 유교의 나라, **조선** 84
11장 혼란한 세계 속에서 일어난 **대한제국** 105
12장 암울했던 35년간의 **일제강점기** 116
13장 평화 통일을 위해 나아가는 **대한민국** 124

정답 130

손글씨로 정리한

한국사
노트 1 문제집

1장 한반도 역사의 대부분을 차지하는 **선사 시대**
2장 우리 민족이 세운 첫 나라, **고조선**
3장 고조선 이후에 나타난 **여러 나라들**
4장 주몽이 한반도 북쪽에 세운 나라, **고구려**
5장 온조가 한강 유역에 세운 나라, **백제**
6장 사로국에서 출발한 작은 나라, **신라**
7장 삼국을 통일한 최초의 통일 왕조, **통일신라**
8장 대조영이 고구려를 계승해 세운 나라, **발해**
9장 민족을 완전히 통일한 왕조, **고려**

1장 한반도 역사의 대부분을 차지하는 선사 시대

▶ 손글씨로 정리한 한국사 노트 1 13~22쪽을 읽고 활동해요.

 정빈이는 '선사 시대 사람들은 어떻게 살았을까?'라는 제목으로 글짓기를 했어요. 하지만 글에서 틀린 곳이 있어요. 잘 읽고, 물음에 답해 보세요.

선사 시대 사람들은 어떻게 살았을까?

선사 시대는 구석기와 신석기 시대를 말한다. 우리나라에 구석기가 시작된 것은 70만 년 전부터이다.

구석기 사람들은 불을 사용했고, 돌을 깨거나 떼어 내어 만든 (1) 간석기를 썼다. 주먹도끼와 슴베찌르개, 찍개 등이 있다. 구석기 사람들은 나무 열매를 따 먹거나 사냥을 했고, 동굴과 바위 그늘을 돌아다니며 살았다. 이것을 (2) 정착 생활이라고 한다.

신석기 사람들은 가축을 기르고, (3) 쌀 등 곡식 농사를 지었다. 농사짓기 좋은 강이나 바닷가 주변에 (4) 막집을 짓고 마을을 만들었다. (5) 둥근 무늬 토기 등은 곡식을 저장하고 음식을 조리하는 데 썼다. 가락바퀴와 뼈바늘로는 옷을 만들어 입었다. 조개껍데기로 장신구를 만들어 치장하였다. 신석기 사람들은 (6) 계급 사회를 이루었고, 자연물에 영혼이 있다고 생각해서 특정 동식물을 숭배하는 원시 신앙이 있었다.

선사 시대에는 문자가 (7) 있었지만 사람들이 어떻게 살았는지 글을 남기지 못했다. 유물이나 살았던 흔적으로만 알 수 있는 것이 아쉽다. 시간 여행을 한다면 그때로 날아가서 사람들이 어떻게 살았는지 확인하고 싶다.

1 글 속에서 줄 친 부분이 정빈이가 틀린 곳이에요. 바르게 고쳐 주세요.

(1) 간석기 ➡ _____

(2) 정착 생활 ➡ _____

(3) 쌀 ➡ _____

(4) 막집 ➡ _____

(5) 둥근 무늬 토기 ➡ _____

(6) 계급 사회 ➡ _____

(7) 있었지만 ➡ _____

2 신석기 시대에는 수수, 조, 피 등 잡곡 농사를 시작했어요. 개, 돼지 등 가축도 기르기 시작했지요. 이처럼 농경과 목축을 하며, 식량을 직접 생산하게 된 신석기 시대의 변화를 뭐라고 부를까요?

3 청동기 시대 사람들은 곡식의 이삭을 자르기 위해서 돌로 만든 칼을 사용했어요. 반달 모양으로 생긴 이 돌칼을 뭐라고 부를까요?

4 유물의 사진과 설명을 연결해 보세요.

(1) 신석기 시대에 음식을 담고 조리하는데 사용했어요. 빗살무늬가 있어서 **빗살무늬 토기**라고 불러요. • • ㉮

(2) **주먹도끼**는 짐승을 사냥하고 땅을 팔 때 등 다양한 용도로 쓰였어요. 구석기 시대 가장 발달된 도구였지요. • • ㉯

(3) 오늘날 절구와 맷돌의 시작이라고 할 수 있어요. 곡식을 잘게 부수는 도구로, **갈돌과 갈판**이라고 불러요. • • ㉰

(4) 구리에 주석을 섞어 만든 **청동기**는 돌보다 단단하고 날카로워 고급 무기를 만드는 데 사용했어요. • • ㉱

5 신석기와 청동기 시대 사람들은 모두 간석기를 이용해서 농사를 짓고, 정착 생활을 했어요. 그런데 신석기 사람들과 청동기 사람들의 생활 모습에 다른 점이 있어요. 어떤 점이 다른지 써 보세요.

	신석기 시대	청동기 시대
농사짓는 작물의 종류	(1)	(3)
사회 모습	(2)	(4)

6 다음 설명을 보고, 맞으면 O표, 틀리면 ✗표 하세요.

(1) 구석기 사람들은 사냥을 하고 채집 생활을 하며, 동굴이나 막집을 짓고 이동 생활을 했다. (   )

(2) 신석기 사람들은 벼농사를 짓기 시작하였으며, 농업의 발달로 생산력이 늘어나 많이 가진 사람과 적게 가진 사람이 나누어졌다. 부족 사이에서 전쟁이 일어나기도 해서 사람들을 이끄는 족장의 힘이 커졌다. (   )

(3) 청동은 귀하고 쉽게 부러졌기 때문에 청동기 시대에도 농기구나 생활 도구로는 만들지 못했다. 검이나 장신구, 제사용 도구로만 만들어 사용했다. (   )

2장 우리 민족이 세운 첫 나라, 고조선

▶ 손글씨로 정리한 한국사 노트 1 23~33쪽을 읽고 활동해요.

 《삼국유사》에 나오는 단군 신화 이야기예요. 내용을 잘 읽고, 물음에 답해 보세요.

(   )의 건국 이야기

옛날 하느님인 환인의 아들 환웅은 인간 세계에 관심이 많았어. '널리 인간을 이롭게 하라'는 환인의 허락을 받은 환웅은 바람, 구름, 비를 다스리는 신하를 비롯해 삼천 명의 신하들을 더 데리고 태백산 꼭대기에 있는 신단수 아래로 내려왔어.

그곳을 신성한 곳이라는 의미로 '신시'라고 불렀지. 환웅은 인간 세계에 와서 농사 짓는 법, 생명, 질병, 형벌, 등 36여 가지의 일을 맡아서 다스렸어.

그러던 어느 날이었어. 주변 굴에 살던 호랑이와 곰이 환웅을 찾아와 사람이 되게 해 달라고 비는 거야. 환웅은 쑥 한 다발과 마늘 스무 개를 주면서 이것을 먹고 100일 동안 햇빛을 보지 않으면 사람이 될 수 있다고 했어.

하지만 호랑이는 얼마 참아 내지 못하고 굴을 뛰쳐나가고 말았어. 곰만이 환웅이 시키는 대로 참아 내고, 21일 만에 어여쁜 여자의 모습으로 변했단다. 여자가 된 <u>곰(웅녀)은 환웅과 혼인해서</u> 아들을 낳았어. 그게 바로 단군왕검이란다.

1 단군 신화는 우리나라 역사에서 최초로 세워진 국가의 이야기이기도 해요. 이 나라는 어디일까요? 글 제목의 빈칸을 채워 보세요.

 의 건국 이야기

2 이 이야기 속에는 환웅이 인간 세계로 가도록 환인이 허락하며 했던 말이 있어요. 우리나라 최초 국가의 건국 이념이기도 하지요. 글 속에서 찾아서 써 보세요.

_____

3 단군왕검은 우리나라 최초의 국가를 세우고, 나라를 이끌어 갔어요. 단군왕검에 담긴 뜻은 무엇인지 맞는 것을 찾아 보세요.

단군 + 왕검
(㉠)   (㉡)

① ㉠ 정치 지도자 ㉡ 대장
② ㉠ 제사장 ㉡ 정치 지도자
③ ㉠ 군인 ㉡ 제사장
④ ㉠ 제사장 ㉡ 외교관

4 단군왕검의 이름을 보면 단군왕검이 나라의 정치와 종교를 한꺼번에 맡아 보았다는 것을 알 수 있어요. 이런 나라를 뭐라고 부를까요?

[ ] 사회

5 건국 이야기에 나오는 바람과 구름, 비를 다스리는 신하로 알 수 있는 고조선 사회의 모습은 무엇일까요? 아래 설명을 보고 빈칸을 채워 보세요.

바람과 구름, 비는 날씨와 관련 있으면서 농사를 짓는데 중요한 역할을 하는 것들이에요.

[ ] 사회

6 14쪽 건국 이야기에서 밑줄 친 부분인 '곰(웅녀)은 환웅과 혼인해서'말에서 알 수 있는 것을 써 보세요.

_____
_____
_____

7 고조선의 영역을 나타내는 지도예요. 고조선의 대표적인 유물이 나오는 곳을 보면, 당시의 영토 범위를 알아볼 수 있지요. 사진을 보고, 그것이 어떤 유물인지 두 가지를 쓰세요.

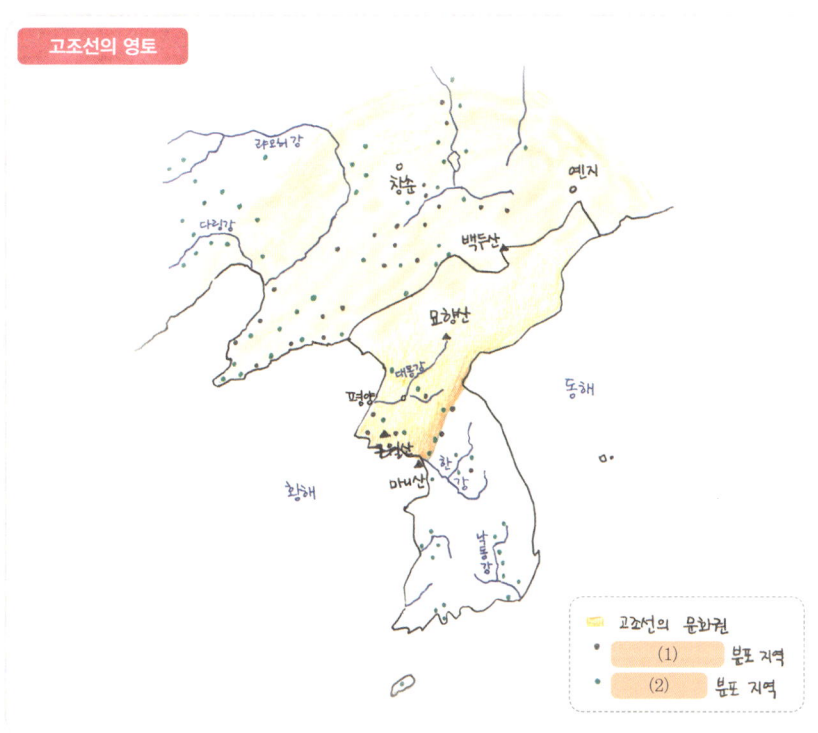

8 다음은 고조선의 8조법 중 3개의 조항이에요. 이것을 통해 알 수 있는 고조선 사회의 특징은 무엇일까요? 빈칸을 채워 보세요.

첫째, 사람을 죽인 자는 사형에 처한다.

(1) 사람의 ☐ 을 중요하게 여겼다는 것을 알 수 있어요.

둘째, 남에게 상해를 입힌 자는 곡물로 갚는다.

(2) 곡물이 나오는 것을 보면 농사를 짓는 ☐ 사회였으며, ☐ 재산을 인정했다는 것을 알 수 있어요.

셋째, 남의 물건을 훔친 자는 노비로 삼는다. 만약 노비를 면하려면 돈 50만전을 내야한다.

(3) 노비가 있었던 것으로 보아 사람의 신분을 나누는 ☐ 사회였음을 알 수 있고, ☐ 를 사용했다는 것도 알 수 있어요.

9 청동기 시대를 대표하는 무덤은 고인돌이에요. 고인돌은 굄돌이 큰 덮개돌을 바치고 있는 모습이에요. 덮개돌의 무게는 수십 톤에서 수백 톤까지 나간다고 해요. 고인돌은 누구의 무덤이고, 왜 이렇게 거대하게 세웠을까요?

10 위만이라는 사람은 중국의 혼란기를 피해 철기 문화를 가지고 고조선으로 들어왔어요. 그러고는 고조선의 준왕을 몰아내고 자신이 왕이 되었지요. 위만이 다스리던 이 나라의 이름은 무엇일까요?

11 중국 한나라는 고조선 때문에 남쪽의 나라와 직접 교역을 하지 못하게 되자 고조선을 공격해 멸망시켰어요. 고조선이 각 나라를 중간에서 이으며 이익을 얻었던 무역 정책은 무엇일까요?

12 다음 설명을 보고, 맞으면 O표, 틀리면 ×표 하세요.

(1) 고조선은 나라를 다스리는 왕 아래로 상, 대부, 장군 등의 관리를 두었으며, 8조법을 만들어 생명을 중시하고, 사회 질서를 잡았다. (   )

(2) 고조선의 문화 범위는 비파형 동검, 탁자식 고인돌, 빗살무늬 토기가 나오는 곳을 통해 알 수 있다. (   )

(3) 우리나라에서 발견되는 거푸집을 통해 청동기를 한반도에서 만들었음을 알 수 있다. (   )

(4) 고조선은 우거왕 때 당나라의 공격을 받아 왕검성이 함락되면서 멸망했다. (   )

고조선 이후에 나타난 여러 나라들

▶ 손글씨로 정리한 한국사 노트 1 35~44쪽을 읽고 활동해요.

1 푸른 등대 반 친구들이 모여서 고조선 이후에 나타난 여러 나라들에 대해서 이야기를 하고 있어요. 지도 위에 각 나라의 이름을 적어 보세요.

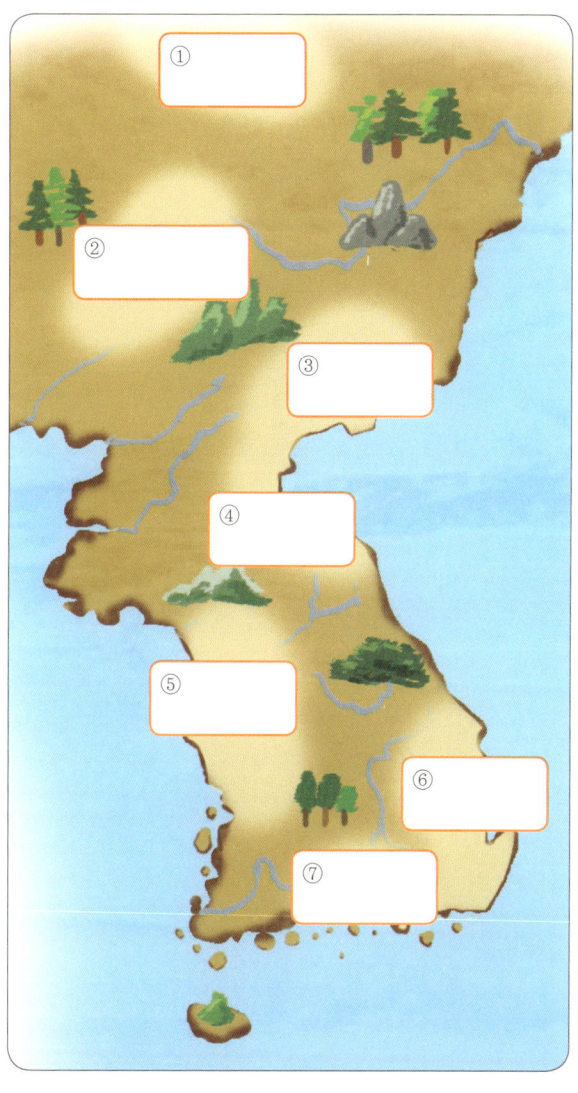

2 친구들의 설명을 보고, 지도의 어떤 나라인지 써 보세요.

(1) 동휘

"왕을 중심으로 마가, 우가, 저가, 구가라는 귀족이 각각의 영역을 지배하는 연맹 왕국이었어. 영고라는 제천 행사도 있었어."

_____

(2) 예나

"강력한 왕이 없어서 나중에 고구려에 정복되었어. 민며느리제라는 독특한 결혼 풍습이 있었던 나라야."

_____

(3) 선우

"옥저와 마찬가지로 고구려에 정복되었어. 책화, 족외혼의 풍습이 있었고, 해마다 10월에 무천이라는 제천 행사가 있었어."

_____

(4) 정빈

"남쪽에 있던 크고 작은 나라들 연합을 부르던 말이야. 정치적 지배자와 종교적 지배자가 따로 존재하는 제정 분리 사회였어."

_____

(5) 은아

"(4)에서 정빈이가 설명한 연합에 속하는 세 나라는 여기야."

_____   _____   _____

3 빈칸에 알맞은 말을 채워서 역사 신문을 완성해 보세요.

BC108년 고조선 멸망 이후 한반도에 등장한 여러 나라

역사 신문

고조선이 멸망하였지만 한반도에는 철기를 바탕으로 여러 나라가 등장하여 앞으로 한반도에 찬란한 역사가 발달할 것이라 생각된다. 지도와 함께 한반도에 등장한 여러 나라들의 특징을 알아보기로 한다.

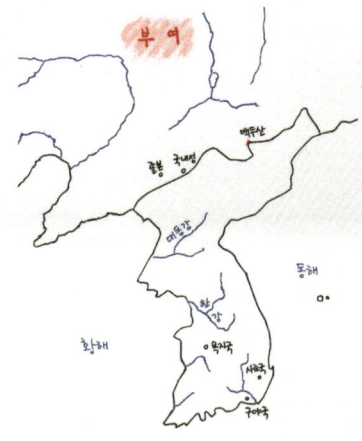

강력한 법으로 나라의 기강을 세운 나라, ⑴ (   )

고조선의 8조법보다 더 강력한 법을 만든 나라가 있다.

법률을 살펴보면 "다른 사람을 죽인 자는 사형에 처하고, 그 가족은 노비로 삼는다."라고 한다. 죄를 지은 사람뿐만 아니라 가족에게까지 책임을 묻고 있어 가족 한 사람이라도 실수를 하면 온가족이 피해를 입기 때문에 죄를 짓지 않도록 조심해야 한다.

또한 다른 사람의 물건을 도둑질했을 때에는 물건값의 12배를 배상해야 한다고 한다. 이처럼 강력한 법과 처벌을 통해 범죄 없는 나라를 만들고자 하는 지배층의 생각을 엿볼 수 있다.

― 기자 동명

부여 이대로 좋은가?

왕이 죽으면 껴묻거리와 함께 여러 사람을 묻는 부여의 풍습 ⑵ (   ) 에 대해서 백성들의 제보를 받습니다.

― 사회부 기사 사출도

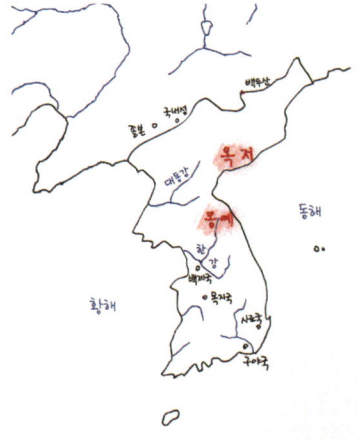

(3) (　　)와 (　　) 결국, 고구려에 정복되다

백두 대간 동쪽에 위치한 두 나라는 일찍부터 강력한 왕권을 가지지 못해 늘 고구려의 간섭을 받으며 살아왔다. 바닷가와 거리가 먼 고구려는 동해안에 위치한 두 나라로부터 소금과 해산물을 특산물로 바치게 했다. 그리고 결국 두 나라를 차례로 정복하였다. 힘의 원리로 두 나라는 결국 역사 속에서 사라지게 되었지만 민며느리제와 족외혼과 같은 독특한 풍습들은 후대 사람들에게도 이야깃거리가 될 것이다.

— 기자 무천

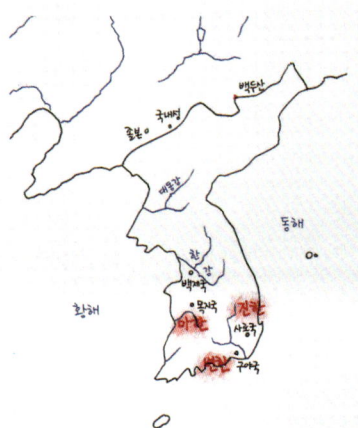

역시 (4) (　　)은 제정 분리 사회!

억울하게 누명을 쓴 목지가 정치 지배자인 신지에게 붙잡혀 사형을 당할 처지에 놓이게 되었다는 소식을 어제 전했다. 오늘 관리가 소홀한 틈을 타서 목지는 제사장인 천군이 다스리는 (5) (　　)로 도망을 쳐서 무사히 목숨을 구할 수 있게 되었다.

뒤쫓아 온 사람들은 어쩔 수 없이 목지를 놓치고 돌아갈 수 밖에 없었다. 이번 사건을 통해 목지가 억울한 누명을 벗을 수 있을지 온 백성의 관심이 집중되고 있다.

— 기자 사로

새로운 철광석 매장지가 발견된 지역, (6) (   )!

구야국을 중심으로 12개의 해상 세력으로 이루어진 이 지역은 철이 많이 생산되기로 유명하다. 철을 생산하고 가공해서 일본과 낙랑 등에 수출하여 큰 이익을 얻었다. 철의 가치가 커서 화폐가 없을 때에는 철을 대신 사용하기도 하였다. 그러나 지배층들이 철을 덩이쇠로 가공해서 무덤에까지 묻기 시작하면서 철의 양이 급격히 줄어들어 걱정이었는데, 새로운 철광석 산지가 발견되어 온 나라가 다시 떠들썩해졌다.
— 기자 대장장이

(1)에서 (6)까지 신문의 빈칸에 들어갈 말을 적어 보세요.

(1) [   ]   (4) [   ]

(2) [   ]   (5) [   ]

(3) [/   ]   (6) [   ]

주몽이 한반도 북쪽에 세운 나라, 고구려

▶ 손글씨로 정리한 한국사 노트 1 45~60쪽을 읽고 활동해요.

1 오성이가 고구려에 대해 보고서를 썼어요. 그런데 중요한 단어들을 깜빡했네요. 빈칸을 채워서 오성이의 보고서를 완성해 보세요.

역사 수행 평가

단원	고구려의 건국과 발전	이름	김오성
고구려는 누가 세웠을까?	부여에서 태어난 주몽은 어려서부터 활을 잘 쏘는 용맹한 사람이었다. 주몽은 부여를 떠나 오이, 마리, 협보와 함께 졸본 지역으로 내려왔으며, 기원전 37년 나라를 세우고 왕이 되었다. 나라 이름은 '고구려'라고 했다.		
고구려의 도읍지는 어떻게 변화했을까?	주몽에 뒤를 이어 왕위에 오른 유리는 도읍을 졸본 지역에서 압록강가의 (1) (　　　)으로 옮겼다. 평야가 넓고 교통이 편리해서 주변과 교류하기가 유리했기 때문이다. 고구려의 도읍은 나중에 장수왕의 남진 정책을 펼침에 따라에 (2) (　　　)으로 한 번 더 옮겨졌다.		
고구려의 기틀을 마련한 왕은 누구일까?	고구려는 2세기 (3) (　　　) 때 먼저 옥저를 정복했다. 그리고 요동 지방으로 진출을 꾀하면서 영토를 넓혔다. 그렇게 점차 왕권이 강화되면서 (4) (　　　) 고씨가 왕위를 이어 가고 나라를 모습을 갖추게 되었다.		
고구려에는 어려운 백성을 도와주는 제도가 있었을까?	(5) (　　　)은 신하 을파소의 건의를 받아들여 가난한 백성을 위한 (6) (　　　)을 실시하였다. 나라에서 양식이 떨어지는 봄에 백성에게 곡식을 빌려주고 가을에 추수할 때 갚게 하여, 귀족들의 횡포로 억울하게 노비가 되는 백성들이 줄어들게 하였다.		

고구려에 대한 나의 생각	고구려는 한반도 북쪽에 있어서 중국이나 다른 유목 민족으로부터 한반도를 지키는 방패 역할을 했다. 그래서 매일 전쟁을 히고 사람들도 사나울 것이라 생각했는데, 가난한 백성들에게 도움을 주려고 하는 왕의 따뜻한 마음도 느낄 수 있었다.

(1)에서 (6)까지 보고서의 빈칸에 들어갈 말을 적어 보세요.

(1) ☐   (4) ☐

(2) ☐   (5) ☐

(3) ☐   (6) ☐

2 고구려는 백제의 근초고왕의 공격을 받아 위태로워졌어요. 이때 왕위에 오른 소수림왕은 나라를 재정비하려고 노력했지요. 다음 빈칸을 채워 보세요.

소수림왕의 나라를 재정비하기 위한 정책

(1) ☐ 를 받아들여 정신적 통일을 이룩하였다.

또한 교육 기관으로 (2) ☐ 을 만들어 인재를 길러냈다.

그리고 (3) ☐ 을 반포해서 강한 고구려를 만들었다.

3 정빈이가 광개토 대왕의 업적을 정리한 노트를 친구들에게 보여 주려고 해요. 하지만 틀린 곳이 4군데 있어요. 바르게 고쳐 주세요.

광개토 대왕의 업적

1. 재위 기간 : 391-413년(4세기 후반)
2. 영토 확장 :
   ㉠ 백제를 공격하여 (1) 낙동강 북쪽의 땅을 차지
   ㉡ (2) 신라에 침입한 가야를 격퇴하여 신라의 영향력을 강화
   ㉢ 가야 지역에 영향력을 행사하여 금관가야에서 대가야로 주도권이 바뀜
   ㉣ 후연을 공격하여 요동 지역을 확보하고 부여와 숙신을 굴복시켜 만주 일대를 차지함
3. (3) '내물'이라는 연호 사용 : 고구려가 중국과 대등한 국가라는 자신감을 표현
4. (4) 직접 광개토 대왕릉비를 세움 : 고구려의 건국 과정과 광개토 대왕의 업적 기록

틀린 곳 4군데에 줄을 그어 두었어요. 아래에 바르게 써 보세요.

(1) _____
(2) _____
(3) _____
(4) _____

4 다음 고구려의 지도를 보고 물음에 답해 보세요.

(1) 고구려 최고 전성기의 지도에요. 이 시기 고구려왕은 누구일까요?

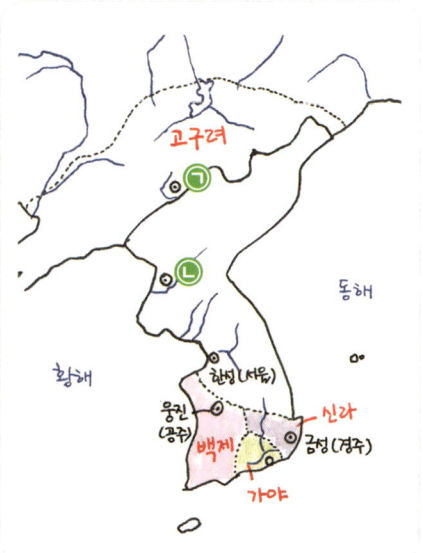

(2) 이 시기 고구려는 남쪽으로 영토를 확장하려고 수도를 옮겼어요. 지도 위에 위치를 보고 고구려 수도의 이름을 각각 쓰세요.

(3) 고구려 장수왕의 영토 확장 의미에 대해 보기의 단어를 사용해서 써 보세요.

> 보기 남진 정책, 나제 동맹, 한강 유역 차지, 삼국에서의 주도권

(4) 앞서 본 것처럼 고구려가 남한강 유역까지 영토를 넓힌 사실을 알려 주는 유물이에요. 이 유물의 이름은 무엇일까요?

☐ 의 탁본

5 신라의 무덤에서 발견된 청동 그릇이에요. 그릇 바닥에 쓰여진 글씨를 통해 고구려와 관련된 것임을 알 수 있어요. 당시 고구려의 왕이 신라를 도와 왜구를 격퇴하면서 신라에도 영향을 끼친 거예요.

그릇 바닥에 '국강상광개토지호태왕' 이라고 쓰여 있는 것이 힌트예요.

고구려 어느 왕과 관련된 유물일까요?

☐

6 다음 설명을 보고, 맞으면 O표, 틀리면 ×표 하세요.

(1) 중국은 위진 남북조 시대가 끝나고, 당나라로 통일되었다. (   )

(2) 7세기 고구려는 장수왕 때 차지했던 한강 유역을 신라에게 빼앗겼다. 고구려 온달 장군이 한강 유역을 되찾으려고 싸웠지만 되찾지 못했다. (   )

(3) 수나라의 우중문은 을지문덕 장군의 편지를 받고 수나라로 돌아가던 중 살수에서 고구려의 공격을 받고 큰 피해를 입었다. (   )

(4) 수나라는 고구려의 요동성, 백암성을 공격했다. 그러나 안시성을 함락하지 못해 결국 고구려 정벌을 포기하고 되돌아갔다. (   )

(5) 고구려의 연개소문은 당나라의 침략에 대비하여 국경 부근에 천리장성을 쌓았다. (   )

(6) 고구려는 668년 백제와 당나라 연합군의 공격으로 평양성이 함락되면서 멸망하였다. (   )

7 다음의 편지는 누가 누구에서 쓴 편지일까요? 빈칸을 채워 보세요.

TO (1) (   ) 에게

신묘한 책략은 하늘의 이치를 꿰뚫어 알고,
신묘한 헤아림과 꾀는 땅의 이치에 다하였다.
이미 전쟁에서 이긴 공이 높으니
만족함을 알고, 그만두는 것이 어떠한가.

FROM (2) (   )

(3) 이 편지와 관련 있는 전쟁으로, 고구려의 기습 공격에 수나라 30만 별동대 중에서 살아 돌아간 군사가 2,700명밖에 되지 않았던 고구려의 큰 승리는 무엇일까요?

8 2004년 고구려 고분군은 세계 문화 유산에 등재되었어요. 고구려 고분군이 세계 문화 유산에 등재된 이유 중 하나는 무덤 속에 그려진 벽화의 가치를 인정받았기 때문이에요.

(1) 고구려가 무덤에 벽화를 그릴 수 있었던 것은 무덤을 이 방식으로 만들었기 때문이에요. 돌로 만든 방의 4면에 벽화를 그려 넣은 이 무덤을 무엇이라고 부를까요?

(2) 고분 벽화와 고구려 집자리 유적을 통해 고구려 집의 모습을 알 수 있는데, 가장 큰 특징은 난방 시설을 갖추고 있는 점이에요.
오늘날까지 이어져 집을 따뜻하게 데우는 시설이며, 세계적으로 인정받고 있는 이것은 무엇일까요?

(3) **창의력 더하기** 아래 사진은 고구려와 일본의 고분 벽화의 그림이에요. 그림을 통해 무엇을 알 수 있을까요? 보기의 단어를 사용해서 써 보세요.

고구려 수산리 고분 벽화 속 귀족 여인의 옷차림

일본 다카마쓰 고분 벽화 속 귀족 여인의 옷차림

보기 귀족 여인의 옷차림, 서로 비슷, 교류

5장 온조가 한강 유역에 세운 나라, 백제

▶ 손글씨로 정리한 한국사 노트 1 61~81쪽을 읽고 활동해요.

1 온조가 세운 백제는 교통이 편리한 한강 유역에 자리를 잡아 삼국 중에서 가장 먼저 전성기를 맞이했어요. 백제의 발전 과정과 왕의 업적을 바르게 연결해 보세요.

(1) 고이왕 • • ㉮ 고구려의 평양성을 공격하고 마한 땅을 차지했다.

(2) 근초고왕 • • ㉯ 고구려 장수왕의 공격을 받아 한성을 빼앗겼다.

(3) 개로왕 • • ㉰ 중국, 일본과 교류할 정도로 백제를 강하게 만들었다. 무령왕릉의 이 왕의 무덤이다.

(4) 무령왕 • • ㉱ 관리의 등급을 나누고, 등급에 따라 관복의 색을 정했다.

(5) 성왕 • • ㉲ 사비로 도읍을 옮기고, 나라 이름을 남부여로 정했다.

2 다음 백제 전성기의 지도를 보고 물음에 답해 보세요.

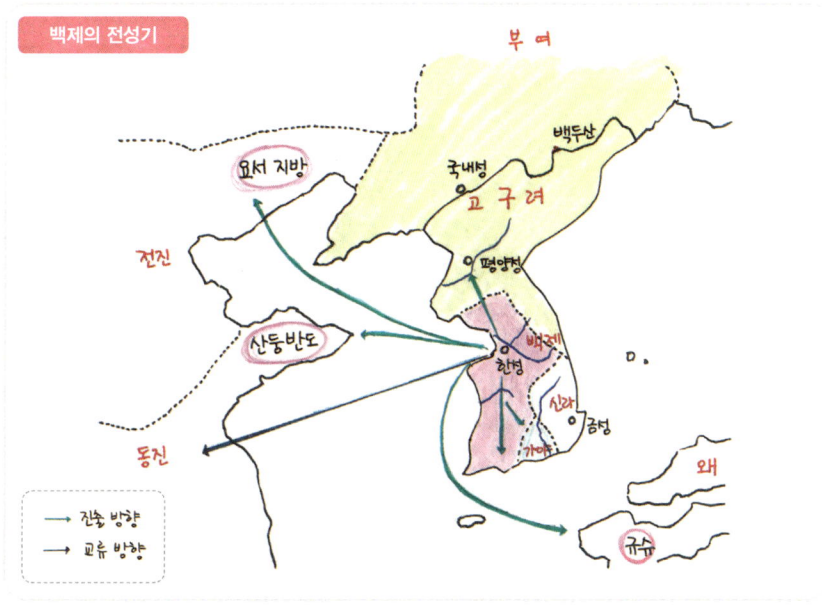

(1) 4세기 백제 전성기의 백제 왕은 누구일까요?

(2)  이 시기 백제의 외교 관계는 어떠했는지 지도를 참고하고, 보기의 단어를 사용해서 써 보세요.

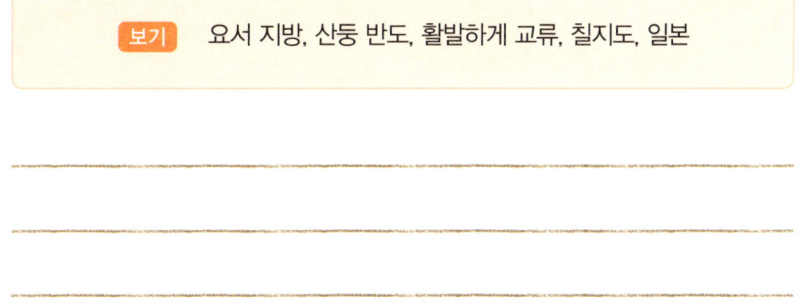

(3) 근초고왕은 일본과도 활발한 교역을 했어요. 백제 왕이 일본 왕에게 하사했다는 유물로, 일곱 개의 가지가 달린 이 칼의 이름은 무엇일까요?

3 백제 역사 지구에 대한 설명과 지도, 표를 보고 물음에 답해 보세요.

백제 역사 유적 지구는 2015년 세계 문화 유산으로 지정되었어요. 위례성은 475년까지 가장 오랫동안 백제의 도읍지로 있었지만 유적지가 많이 남아 있지 않아서 제외되고, 백제가 옮겼던 두 도읍지와 미륵사지 석탑이 있는 익산 등이 세계 문화 유산에 등재되었어요.

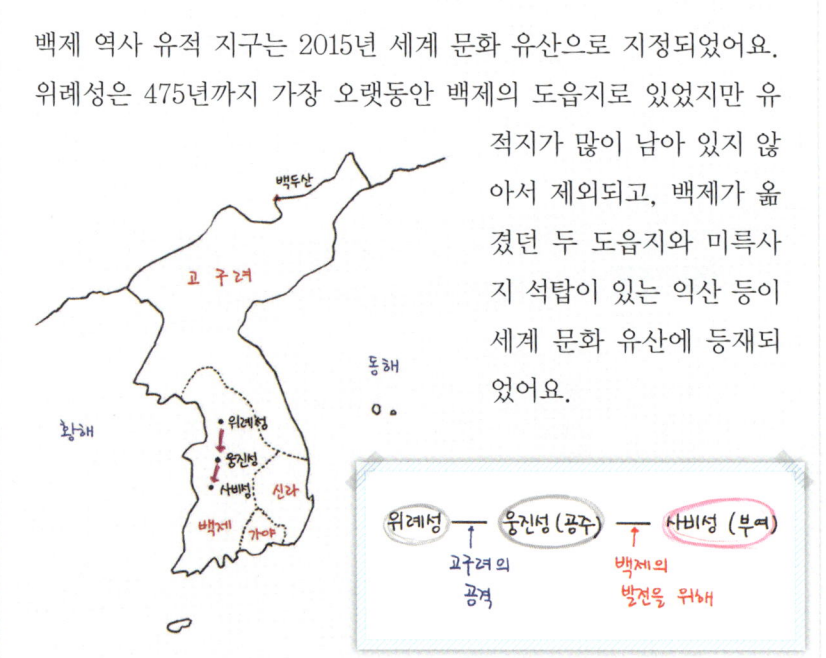

(1) 세계 문화 유산으로 등재된 다음 지역을 지도에 표시해 보세요.

> 백제의 두 번째 도읍지인 이곳에는 고구려의 침입을 막기 위해 북쪽에 천연 해자를 두고 건설된 왕성인 공산성이 있다. 또 이 시대 왕과 왕족의 무덤들이 있는 송산리 고분군이 있다. 여기에는 백제 왕 중에서 유일하게 무덤의 주인을 알 수 있는 벽돌 무덤인 무령왕릉도 포함된다.

백제의 두 번째 도읍지 ㉠ (   )

> 백제의 세 번째 도읍지인 이곳에는 왕궁과 후원인 부소산성이 있다. 소박하지만 누추하지 않는 백제의 문화를 보여 주는 정림사지와 정림사지 5층 석탑, 이 시대 왕과 왕족의 무덤들이 위치한 능산리 고분군과 외곽성인 나성이 세계 문화 유산에 포함되었다.

백제의 세 번째 도읍지 ㉡ (   )

(2) 백제가 도읍지로 삼은 세 곳의 이름을 시간 순서에 따라 써 보세요.

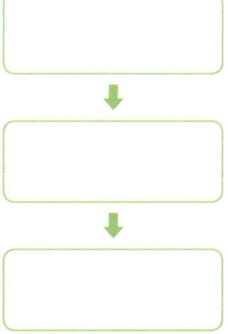

4 백제가 위례성에서 두 번째 도읍지로 옮기게 된 이유는 무엇일까요? 빈칸에 들어갈 고구려와 백제 왕의 이름을 각각 써 보세요.

> 고구려 ① [　　　] 왕의 남진 정책으로 위례성이 함락되고, 백제
> ② [　　　] 왕이 죽음을 당하자 뒤를 이은 ③ [　　　] 왕은
> 금강 유역의 웅진성(공주)으로 수도를 옮기게 되었다.

5 백제 유적지에서는 기와 조각이 발견되고 있어요. 이것으로 보아 당시 지배층은 기와집을 짓고 생활한 것을 알 수 있지요. 지붕 처마의 끝을 장식하는 기와 중 하나인 이것의 이름은 무엇일까요?

[　　　　]

6 다음 설명을 보고, 맞으면 O표, 틀리면 X표 하세요.

(1) 양직공도에는 중국 양나라를 방문한 백제 사신 그림과 함께, 백제에 대해 '마한에서 시작된 나라이며, 중국의 요서 지방을 차지해 다스렸다.' 라고 설명하고 있다. (　　)
(2) 산수문전 벽돌과 백제금동대향로를 통해서 백제에 유교와 한자가 전래되었음을 알 수 있다. (　　)
(3) 백제의 미소로 불리는 서산마애삼존불은 세 부처님의 모습을 바위에 새긴 것이다. (　　)

7 백제는 침류왕 때 불교를 받아들였어요. 절을 만들고, 부처님의 사리를 보관하기 위한 탑도 만들었어요. 현재 남아 있는 백제의 대표적인 탑 이름을 각각 적어 보세요.

㉠ (   )   ㉡ (   )

8 세 부처님의 모습을 바위에 새긴 것으로 백제 사람들의 온화한 미소를 볼 수 있는 이 유물의 이름은 무엇일까요?

9 다음 설명과 사진을 보고, 물음에 답해 보세요.

1971년 7월 9일 대한민국은 백제 시대 무덤의 발굴로 떠들썩했어요. 유일하게 도굴되지 않은 상태로 5,000여 점의 유물들이 고스란히 무덤 안에서 발견되었기 때문이에요. 두 개의 벽돌이 한 송이 연꽃을 피우는 모습의 벽돌 무덤, 무덤을 밝혔던 등잔, 왕과 왕비의 목받침과 발받침이 나왔고, 청동 거울과 금 장신구, 중국 화폐 오수전, 진묘수, 금송 관도 발견되었지요.

무엇보다도 이 무덤의 가장 중요한 유물은 바로 지석이에요. 무덤 주인의 이름과 백제의 장례 문화를 알려 주기 때문이에요.

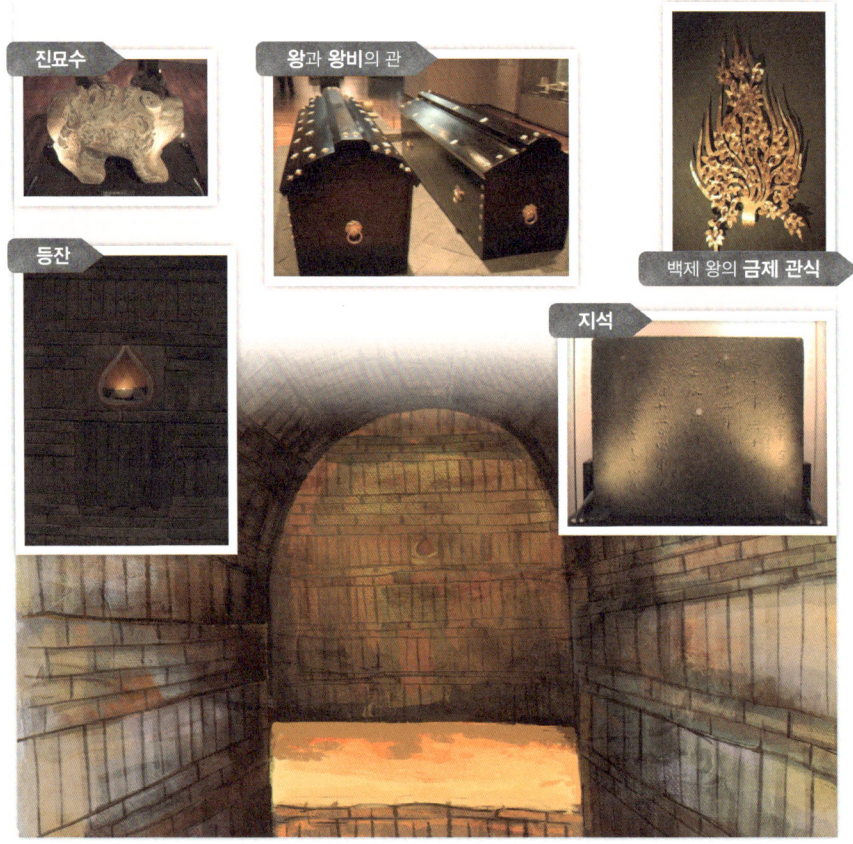

(1) 지석의 내용을 통해 우리는 무덤의 주인이 누구인지 알 수 있게 되었어요. 누구일까요?

(2) 이 왕릉의 이름은 무엇일까요?

(3) 왕릉에서 나온 유물을 통해 알 수 있는 당시 백제의 상황을 보기의 단어를 사용해서 써 보세요.

보기 중국, 일본, 교류, 왕권이 강함

10 백제의 금속 기술을 엿볼 수 있는 유물이에요. 용이 연꽃으로 된 몸통을 받치고 있고, 몸통의 뚜껑에는 신선이 사는 듯한 세계가 펼쳐져 있지요. 가장 위에는 봉황이 앉아 있어요. 이 유물의 이름은 무엇일까요?

11 오늘날까지 어떤 분야에 정통하거나 뛰어난 사람을 부르는 말로, 한 분야에 뛰어난 전문가에게 붙였던 백제의 관직 이름은?

12 다음 설명에 맞는 백제 사람의 이름을 적어 보세요.

(1) 근초고왕 때 역사책 《서기》를 편찬했어요.

(2) 일본에 건너가 한자와 유교를 전해 주었어요.

6장 사로국에서 출발한 작은 나라, 신라

▶ 손글씨로 정리한 한국사 노트 1 83~100쪽을 읽고 활동해요.

1 신라의 역사를 설명하는 글이에요. 괄호 안에서 맞는 것에 O해서 설명을 완성해 보세요.

(1) 신라는 진한의 작은 나라인 (**목지국, 사로국**)에서 출발했어요.

(2) 처음에는 왕권이 약해서 박씨, 석씨, 김씨가 번갈아 가면서 왕위에 올랐어요. 그러다가 (**내물왕, 진흥왕**)이 왕위에 오르면서 신라는 점점 나라의 모습을 갖추었어요.

(3) 그 뒤 (**박씨, 석씨, 김씨**)가 왕위를 계속 물려받게 되었답니다.

2. 왕의 힘이 점점 커지면서 신라에서 왕을 부르는 이름도 바뀌었어요. 신라 왕을 부르는 다섯 가지 이름을 시대순으로 나열해 보세요.

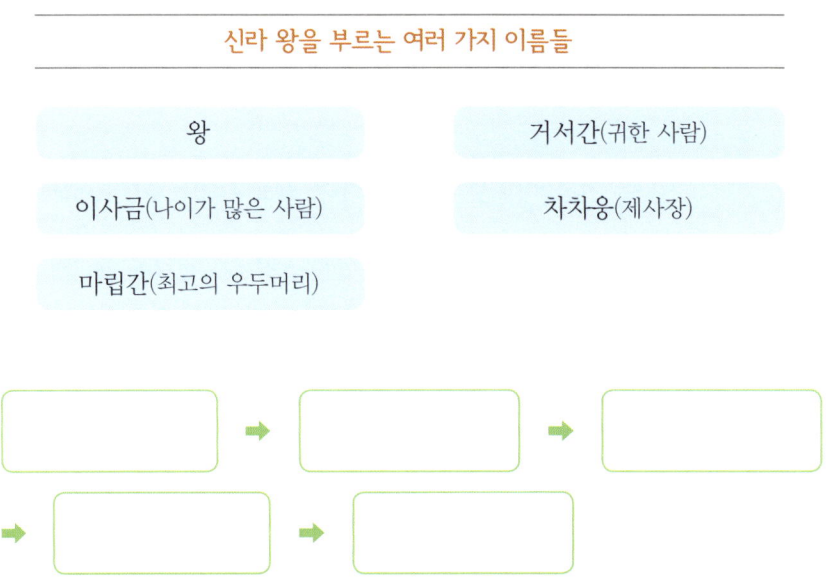

3. 다음 설명에 맞는 왕을 보기에서 골라 적어 넣어 보세요.

보기 내물왕, 법흥왕, 선덕여왕, 지증왕, 진흥왕

(1) [　　　　]은 '마립간' 대신에 '왕'이라는 칭호를 사용하고, 나라 이름도 '신라'로 정했어요.

(2) [　　　　]은 불교를 나라의 종교로 만들어서 왕권을 강화하려고 했어요. 귀족들은 반대했지만 이차돈이 순교하면서 불교는 국교가 되었어요.

(3) [　　　　]은 김춘추와 김유신의 도움으로 나라의 위기를 극복했어요. 첨성대, 분황사, 황룡사 9층 목탑 등을 남겼어요.

4 다음은 신라를 이끌어 온 왕을 필기한 내용이에요. 내용을 보면서 신라의 왕과 업적을 바르게 연결해 보세요.

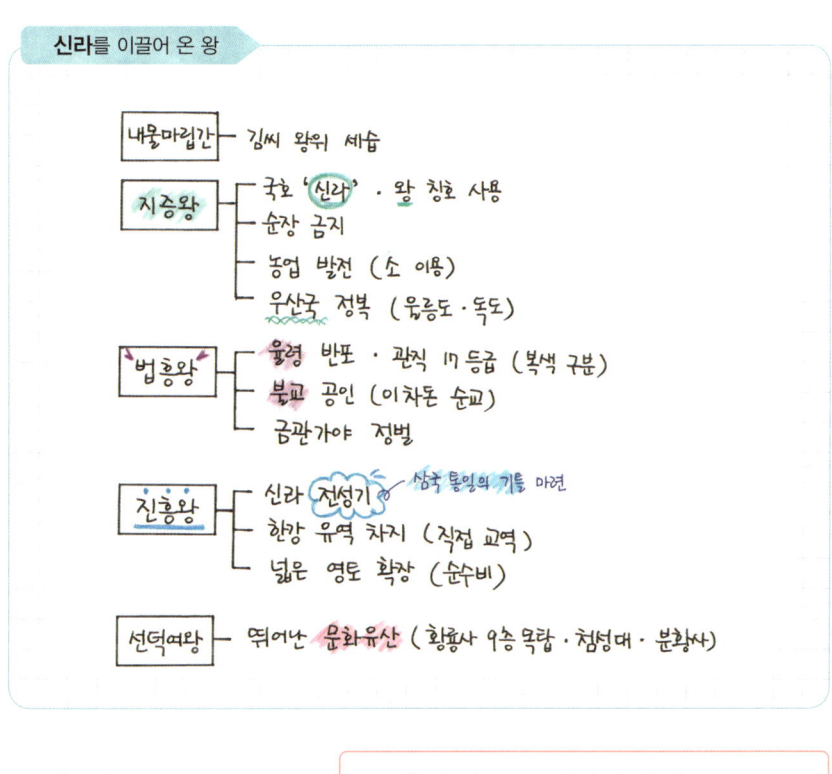

(1) 내물왕 •   • ㉠ 율령 반포, 금관가야 정벌

(2) 지증왕 •   • ㉡ 순장 금지, 우산국 정복

(3) 법흥왕 •   • ㉢ 김씨 왕위 세습, 마립간 칭호 사용

(4) 진흥왕 •   • ㉣ 한강 유역 차지, 대가야 정복

5 지도를 보고, 물음에 답해 보세요.

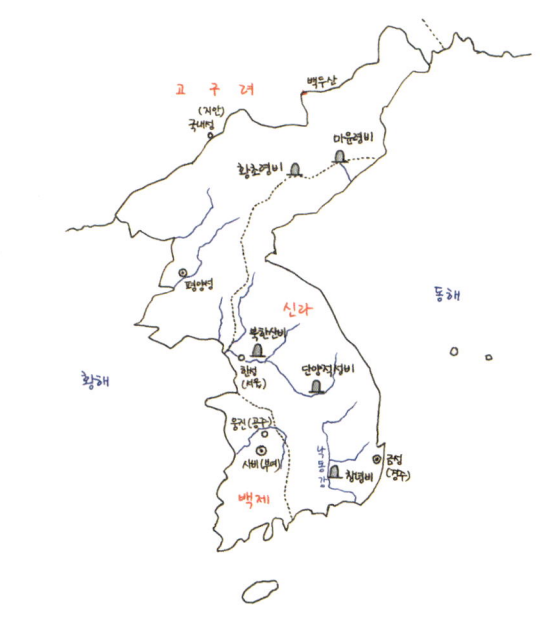

(1) 신라의 전성기 때 영토 범위를 지도 위에 색칠해 보세요.
    (지도의 점선 부분을 참고해서 색칠하면 돼요.)

(2) 신라 왕은 땅을 넓힌 다음, 이를 기념하기 위해 순수비를 만들었어요.
    신라가 한강의 상류뿐만 아니라 하류 지역까지 차지했음을 알려 주는
    국보 3호인 이 비석의 이름은 무엇일까요?

(3) 이 지도가 보여 주는 것처럼 신라 최고의 전성기 때 왕은 누구일까요?

6 신라의 신분 제도를 나타내는 표를 보고, 물음에 답해 보세요.

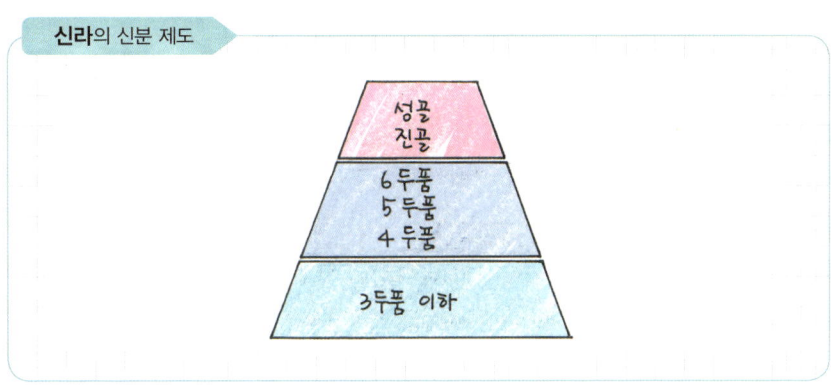

(1) 왕족인 성골과 진골로 이루어진 '골'과 그 아래로 여섯 등급으로 나누어진 계급인 '두품'을 합쳐서 부르는 신라의 신분 제도는 무엇일까요?

(2) 신라에서는 최고 의장인 상대등을 중심으로 회의에 참석한 귀족들이 만장일치로 찬성해야 국가의 일이 결정되었지요. 이 귀족 회의 기구는 무엇일까요?

(3) 신라의 신분 제도 때문에 능력이 있어도 높은 벼슬에 올라갈 수 없었던 세력이 있어요. 당나라에 건너가 과거 시험인 '빈공과'에 합격한 최치원이 잘 알려져 있지요. 이 세력을 무엇이라고 부를까요?

7 신라에서 교육과 군사의 기능을 담당한 어느 단체를 설명한 글이에요.

> 아직 어둠이 걷히지 않은 이른 새벽, 경주 남산에서는 용화향도를 이끄는 김유신의 우렁찬 목소리가 들립니다. 화랑이 지켜야 할 다섯 가지 덕목을 낭도들과 외치고 있어요.
> "첫째, 충으로 임금을 섬기고, 둘째, 효로 어버이를 섬기며, 셋째, 믿음으로 벗을 사귀며, 넷째, 싸움터에 나가서는 물서서지 않으며, 다섯째, 함부로 생명이 있는 것을 죽이지 마라."
> 이들은 삼국 통일을 다짐하며 오늘도 열심히 훈련을 합니다.

(1) 이 단체는 신라가 삼국 통일을 하는데 큰 기여를 했어요. 김유신, 김춘추, 관창 등이 모두 이 단체에 속했지요. 단체의 이름은 무엇일까요?

(2) 두 화랑의 약속을 담은 비석으로, 열심히 학문을 배우고 나라에 충성할 것을 약속하는 내용이 쓰여 있어요. 이 비석의 이름은 무엇일까요?

(3) 화랑 출신의 한 인물에 대한 설명이에요. 어떤 인물일까요?

- 금관가야 출신의 귀족이었어요.
- 고구려의 낭비성을 공격할 때 공을 세웠어요.
- 선덕여왕 때 비담의 반란을 진압했어요.
- 황산벌에서 계백을 물리치고 삼국 통일에 큰 공을 세웠어요.

8 고구려는 2세기 태조왕, 백제 3세기 고이왕, 신라는 4세기 내물왕 때 중앙 집권 국가로 발전했어요. 삼국이 중앙 집권 국가로 발전하면서 나타난 공통적인 특징이 무엇인지 보기의 단어를 사용해서 써 보세요.

> 보기 왕위를 세습, 정복 전쟁, 통치 체제 정비, 불교

9 동휘는 역사 수행 평가로 삼국의 전성기를 조사했어요. 동휘의 보고서를 보고 질문에 답해 보세요.

역사 수행 평가

단원	삼국의 전성기	이름	김동휘

삼국 전성기 시대의 왕들	백제 (4세기)	근초고왕 : 마한을 정복하여 남쪽으로 영토를 넓혔다. 고구려를 공격해 북쪽으로도 나아갔다.
	고구려 (5세기)	광개토 대왕 : 요동과 만주, 한강 이북 지역으로 영토를 넓히고, 신라에도 영향을 미쳤다. 장수왕 : 평양 지역으로 수도를 옮기고, 한강 유역을 차지하며 남쪽으로 영토를 넓혔다.
	신라 (6세기)	진흥왕 : 백제와 연합하여 고구려가 차지했던 한강 유역을 빼앗고 영토를 확장했다. 각 지역에 진흥왕 순수비를 세웠다.
삼국 전성기 때의 지도	고구려 전성기 / 백제의 전성기 / 신라의 전성기	
전성기일 때의 삼국의 공통점	삼국은 전성기일 때 왕권이 강했다. 그리고 <u>2가지의 공통점</u>이 더 있는 거 같다.	

(1) 고구려, 백제, 신라가 전성기를 맞은 시기로 맞는 순서를 골라 보세요.

　① 고구려 → 백제 → 신라

　② 백제 → 신라 → 고구려

　③ 신라 → 고구려 → 백제

　④ 백제 → 고구려 → 신라

(2) 동휘의 보고서에 줄 친 부분인 해 삼국이 전성기일 때의 공통점 2가지를 써 보세요.

_____

_____

(3) **창의력 더하기** 삼국이 한강 유역을 차지한 순서를 쓰고, 서로 차지하려고 한 이유를 써 보세요.

한강 유역을 차지한 나라 순서

☐ ➡ ☐ ➡ 백제/신라 ➡ ☐

삼국이 한강 유역을 차지하려고 한 이유

_____

_____

_____

10 신라 무덤의 형태를 설명하는 글이에요. 괄호 안에서 맞는 것에 O해서 설명을 완성해 보세요.

(1) 고구려와 백제의 무덤 형태는 (**돌방무덤**, **돌무지덧널무덤**)으로 천장과 벽을 그림으로 장식하여 고분 벽화가 발달했어요. 처음에는 생활 모습을 주로 그렸지만 점차 사신도 등의 상징적인 그림으로 바뀌었지요.

(2) 신라의 무덤 형태는 (**돌방무덤**, **돌무지덧널무덤**)으로, 벽화를 그릴 수가 없어요. 하지만 이 무덤들은 도굴하기가 어려워서 껴묻거리(시체와 함께 묻는 물건)가 잘 보존되어 있답니다.

(3) 신라의 무덤에서 발견된 대표적인 그림은 (**천마도**, **수렵도**)예요. 이것은 벽화가 아니라 말다래에 그려진 그림이지요.

신라 왕의 무덤

11 백제와 신라 사이, 변한 지역에 세워졌던 나라인 가야에 대한 설명이에요. 내용을 보고, 물음에 답해 보세요.

> 변한 사람들이 구지봉 산꼭대기에서 "거북아, 거북아, 머리를 내밀어라, 내밀지 않으면 구워먹으리."라고 노래를 부르며 춤을 추자 하늘에서 황금 알 6개가 담긴 상자가 내려왔어요.
> 황금 알에서는 사내아이가 태어났는데, 가장 먼저 나온 아이의 이름을 '수로'라고 지었어요. 나머지 알에서도 각각 아이들이 태어나 나라를 세워서 가야는 여섯 나라가 되었어요.
> 초기에는 철이 풍부하고 해상 교통이 편리한 김해 지역의 금관가야를 중심으로 여섯 가야가 연합하며 발전했어요. 금관가야는 낙랑, 왜와 해상 교역을 하며 발전했어요. 그러나 고구려 광개토 대왕의 공격을 받아 금관가야의 세력은 약해졌고, 다음에는 고구려의 피해를 덜 받은 고령의 대가야가 가야의 중심이 되었어요.
> 하지만 백제와 신라 사이에 위치해 있던 가야는 두 나라의 압박으로 점점 약해지다가 신라에게 멸망했어요.

(1) 김수로가 세운 나라로, 농업과 풍부한 철을 바탕으로 발전하며 초기에 가야 연맹을 이끈 나라는 다음 여섯 가야 중 어디일까요?

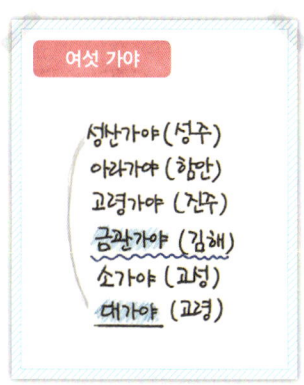

(2) 가야의 영토 범위를 지도 위에 색칠해 보세요.
(지도의 점선 부분을 참고해서 색칠하면 돼요.)

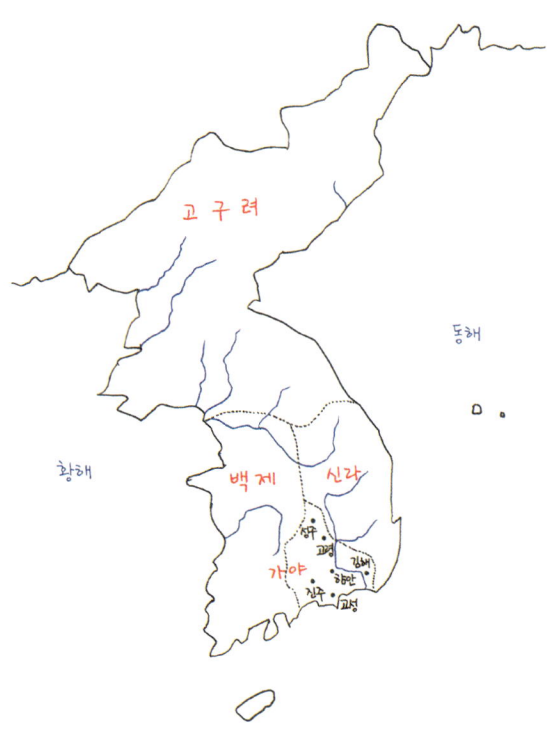

(3) 나중에 가야는 고구려 광개토 대왕의 공격을 받아 세력이 약해졌어요.
그 뒤 가야 연맹을 새롭게 이끌게 되는 나라는 여섯 가야 중 어디일까요?

(4) <창의력 더하기> 가야 연맹의 주도 세력은 (1)에서 말한 나라에서 (4)에서 말한 나라로 바뀌게 돼요. 그 이유를 보기의 단어를 사용해서 써 보세요.

> **보기** 고구려 광개토 대왕, 금관가야, 김해 지역, 대가야

_____

_____

_____

_____

(5) 가야의 멸망에 대해 설명한 글이에요. 빈칸을 채워 설명을 완성해 보세요.

> 가야는 하나의 ① _____ 왕국이 되지 못하고,
> 여러 개의 나라가 연합한 ② _____ 왕국 단계에 머물러서
> 결국은 ③ _____ 에 멸망하고 말았어요.

삼국을 통일한 최초의 통일 왕조, 통일신라

▶ 손글씨로 정리한 한국사 노트 1 101~113쪽을 읽고 활동해요.

1 신라는 삼국을 통일해서 최초의 통일 왕조가 되었어요. 지도를 보면서 삼국 통일 과정을 순서대로 나열해 보세요.

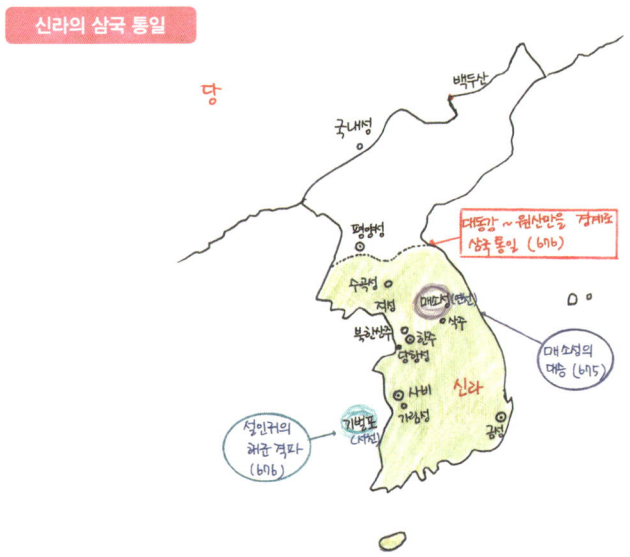

① 고구려의 평양성이 함락되었어요.
② 나당 연합군이 결성되었어요.
③ 신라는 매소성과 기벌포에서 당나라를 물리쳤어요.
④ 당나라는 백제에 웅진도독부, 고구려에 안동도호부, 신라에 계림도 독부를 설치했어요.
⑤ 백제 계백은 황산벌에서 신라의 김유신에게 지고 말았어요.

2 신라의 삼국 통일은 의의와 한계를 모두 가지고 있어요. 무엇인지 보기의 단어를 사용해서 써 보세요.

> **보기** 당나라, 외세, 대동강 이남, 자주적 통일, 민족 문화 발전

_____
_____
_____
_____
_____

3 신라가 삼국을 통일하는 과정에 대한 설명이에요. 맞으면 O표, 틀리면 ✕표 하세요.

(1) 백제가 멸망하자 복신, 도침, 흑치상지가 부흥 운동이 일으켰어요. 하지만 지도층의 분열로 실패하고 말았어요. (　　)

(2) 고구려의 부흥 운동은 연개소문이 이끌었어요. (　　)

(3) 당나라는 백제의 옛 땅에 계림도독부, 고구려 옛 땅에 안동도호부, 신라에 웅진도독부를 설치하고 한반도를 지배하려 했어요. (　　)

(4) 신라는 고구려와 백제 유민을 신라 편으로 만들어 매소성과 기벌포에서 함께 당나라군을 물리쳤어요. (　　)

4 다음 설명을 보고 누구인지 이름을 써 보세요.

> 나는 신라의 화랑 출신입니다. 김유신과 함께 선덕여왕을 도와 귀족의 반란을 막았습니다. 백제 의자왕의 공격으로 신라가 위기에 빠지자 당과 동맹을 맺기도 했습니다. 성골의 마지막 왕인 진덕여왕에 이어 진골 귀족 출신으로는 처음으로 왕위에 올랐지요. 신라 제29대 태종 무열왕이 바로 나입니다.

5 신라 신문왕 때 영토와 신문왕의 업적에 대한 설명이에요. 이 설명을 보고 물음에 답해 보세요.

신문왕, 통치 제도를 새롭게 정비하다!

1. **왕권 강화** : 왕의 직속 기관인 집사부와 장관인 시중의 권한을 강화하고, 화백 회의와 상대등의 권한을 약하게 했어요.
2. **지방 행정 제도** : 전국을 9주로 나누고, 중요한 지역에 5소경을 두었어요.
3. **군사 제도** : 중앙군(9서당)과 지방군을 각각 나누었어요.

9주 5소경

(1) 신문왕은 진골 귀족 세력을 약화시켜 강력한 왕권을 만들려고 했어요. 어떻게 제도를 정비했는지 빈칸을 채워 보세요.

> 왕명으로 행정을 담당하는 집사부의 역할과 그 장관인 ① _____ 의 권한을 강화시켰어요.
> 이에 따라 귀족 회의 기구인 화백 회의는 기능이 축소되고, 화백 회의 의장인 ② _____ 의 권한도 약화되었어요.

(2) **창의력 더하기** 삼국을 통일한 신라는 전국을 9주로 나누고, 중요한 지역에 5소경을 만들었어요. 신라가 수도인 경주가 있는데도, 5소경을 만든 이유가 무엇인지 써 보세요.

5소경	
북원경(원주)	_____
중원경(충주)	_____
서원경(청주)	_____
남원경(남원)	_____
금관경(김해)	_____

(3) 신라의 군사 제도에서 고구려와 백제, 말갈인까지 모두 모아 민족을 하나로 뭉치게 하려고 만든 중앙군의 이름은 무엇일까요?

[_____]

6 신라 신문왕 때 국가 교육 기관에 대한 설명이에요. 이곳의 이름과 이곳에서 가르친 학문이 무엇인지 기호에 들어갈 말을 각각 써 보세요.

> (★)에서는 (▲) 경전을 가르쳐 (▲) 정치 이념을 확립하려고 했어요. 신라 원성왕은 독서 삼품과를 통해 (▲) 경전을 얼마나 이해하는지에 따라 관리를 뽑아 썼어요.

★ ( )   ▲ ( )

7 다음 지도를 보고, 물음에 답해 보세요.

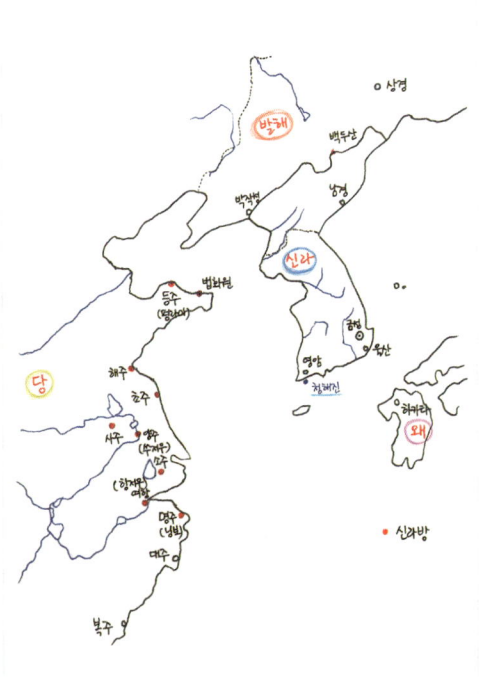

(1) 신라의 바다를 지키기 위해 장보고가 설치한 곳으로, 해적을 소탕하고 해상 무역의 중심이 된 곳은 어디일까요?

(2) 통일신라는 당나라와 일본, 서역과의 교류를 활발히 했어요. 경주와 가까이 있었던 신라의 국제 무역항으로, 당과 일본, 아라비아 상인이 오가던 곳은 어디일까요?

8 푸른 등대 초등학교 친구들이 통일 신라의 수도였던 경주로 현장 학습을 갔어요. 현장 답사 보고서를 보고, 물음에 답해 보세요.

현장 답사 보고서

학교	푸른 등대 초등학교	날짜	2022. 5. 12
답사 장소	불국사, 석굴암		
답사 목적	통일 신라 시대에 발달한 불교 문화에 대해서 알아본다.		

답사 장소	**불국사** 불경의 내용에 따라 석가모니불, 아미타불, 비로자나불을 불국사에 모두 표현하였다. 부처님의 세상을 실현하려는 신라인의 염원을 느낄 수 있다. 불국사의 대표적 유물로는 석가탑과 다보탑이 있다. **석굴암** 석굴암은 인공 석굴로 만들어졌다. 신라 건축 최고의 작품이라고 할 수 있다.
느낀 점	경주에 와서 불국사와 석굴암을 둘러보니 우리 조상들의 정신 세계와 건축 기술이 대단한 것 같다. 뿐만 아니라 당나라로 유학을 떠난 원효와 의상 이야기, 혜초가 인도 지역을 여행하고 쓴 기행문 《왕오천축국전》으로도 신라의 불교 문화를 엿볼 수 있었다.

(1) 불국사에 있는 3층 석탑인 석가탑에서 나온 세계에서 가장 오래된 목판 인쇄물을 무엇이라고 할까요?

(2) 신라의 대표적인 건축물로 세계 문화 유산에 등재되어 있어요. 신라의 귀족 김대성이 현생의 부모님과 전생의 부모님을 위해서 만들었지요. 사진 위에 이름을 각각 써 보세요.

㉠ (   )　　㉡ (   )

9 아래에서 설명하는 세력은 누구일까요?

신라 말 나라가 혼란스러워지자 스스로 성주, 장군이라 부르면서 군대를 가지고 자신의 지역을 직접 다스렸어요. 주로 촌주 출신, 왕위 쟁탈전에서 밀려난 진골 귀족, 해상 세력, 군인 세력 등이었지요. 이들은 신라 정부에 대항하고 새로운 사회를 세우고자 했어요.

8장 대조영이 고구려를 계승해 세운 나라, 발해

▶ 손글씨로 정리한 한국사 노트 1 115~125쪽을 읽고 활동해요.

1 발해 지도를 보고, 다음 물음에 답해 보세요.

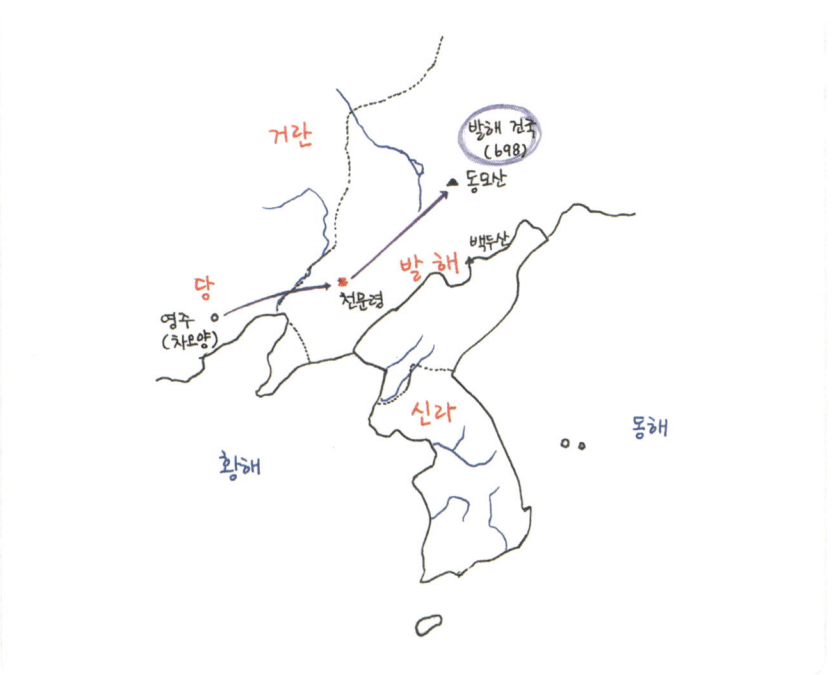

(1) 당나라에 저항해 고구려 유민과 말갈 사람들과 힘을 합쳐 동모산에서 발해를 건국한 사람은 누구일까요?

(2) 발해의 주민 구성은 지배층과 피지배층으로 이루어졌어요. 각각 어떤 민족이었는지 써 보세요.

㉠ 지배층 (　　　　　)　　㉡ 피지배층 (　　　　　　　)

2 발해의 전성기 지도를 보면서, 설명에 맞는 발해의 왕을 각각 써 보세요.

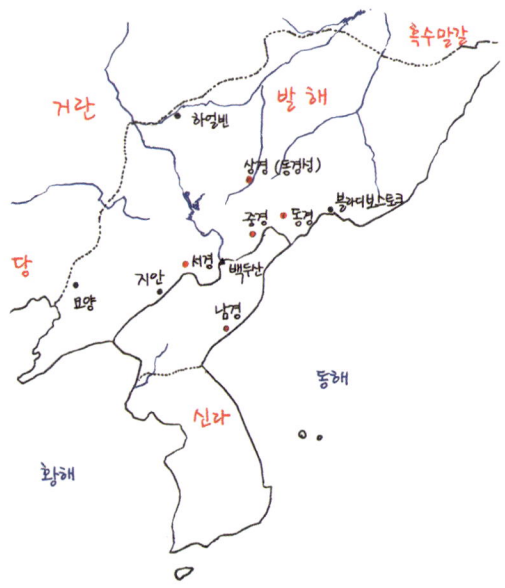

(1) 당나라 산둥 지방의 등주를 공격한 발해의 왕은 누구일까요?

(2) 당나라의 문물과 제도를 받아들이고, 발해의 수도를 상경으로 옮긴 왕은 누구일까요?

(3) 발해 최고의 전성기를 만들었고, 옛 고구려 영토를 거의 회복한 왕은 누구일까요?

3 중국에서는 발전하는 발해를 '바다 동쪽의 번성한 나라'라는 뜻의 이름으로 불렀어요. 무엇일까요?

☐

4 창의력 더하기 발해는 고구려를 계승해서 세워진 나라예요. 그렇게 말할 수 있는 이유를 보기의 단어를 사용해서 써 보세요.

> **보기** 고구려 유민, 외교 문서, 고(구)려 왕, 정혜 공주 무덤

_____
_____
_____

5 발해에 대한 설명이에요. 맞으면 O표, 틀리면 ×표 하세요.

(1) 발해는 926년 여진족에게 멸망했어요. (   )

(2) 정혜 공주 무덤, 기와, 온돌 장치는 고구려의 문화를 계승하였고, 정효 공주 무덤, 상경성의 구조는 당나라의 문화를 모방해서 만들었어요. (   )

(3) 발해의 중앙 통치 제도는 3성 6부제로 되어 있었어요. (   )

(4) 교육 기관 국자감에서 학생들에게 유교 경전을 가르쳤어요. (   )

(5) 발해는 당과 신라를 견제하기 위해 일본과는 친하게 지냈지만, 신라와는 계속 적대 관계로 지냈어요. (   )

6 당나라의 영향을 받았지만 명칭과 운영 방식에서 독자성을 가진 발해의 중앙 정치 제도는 무엇일까요?

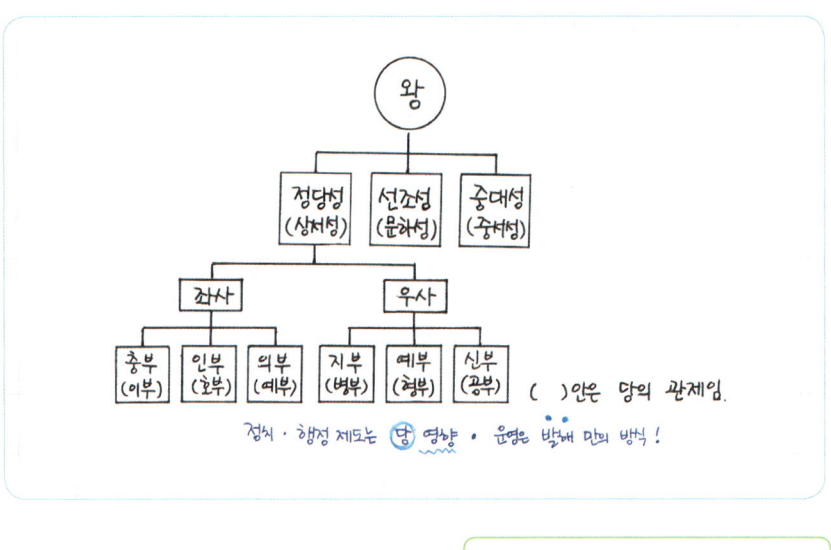

7 조선의 실학자 유득공이 편찬한 《발해고》의 내용이에요. 여기서 남북국은 어느 어느 나라를 말할까요? 각각 써 보세요.

> 고려가 발해사를 편찬하지 않았다. (…) 부여씨와 고씨가 망하고, 김씨가 남쪽을 지배하였고, 대씨가 그 북쪽을 차지하여 발해라 하였다. 이것을 남북국이라 부르는 것은 당연하다. 그런데 고려가 이를 편찬하지 않은 것은 잘못된 일이다.

9장 민족을 완전히 통일한 왕조, 고려

▶ 손글씨로 정리한 한국사 노트 1 127~156쪽을 읽고 활동해요.

1 통일신라 뒤로 이어진 후삼국을 고려가 통일하는 과정이에요. 지도를 보고 ㉠~㉤을 순서대로 나열해 보세요.

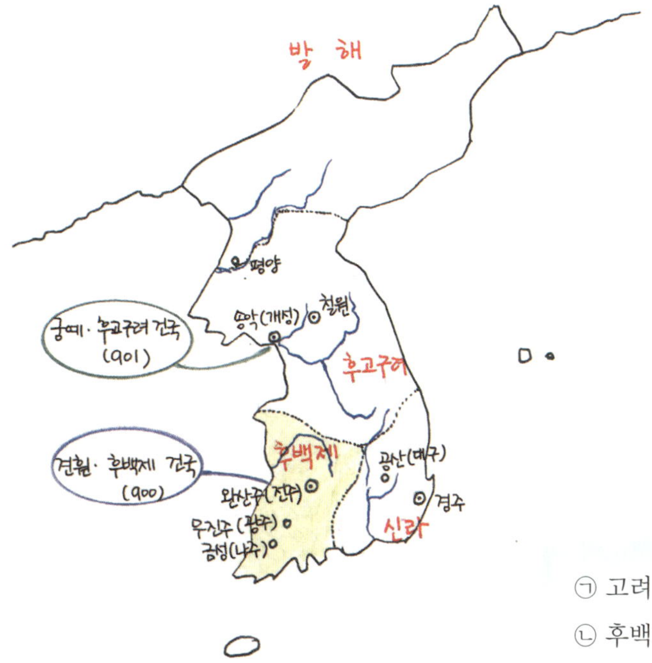

㉠ 고려 건국
㉡ 후백제 건국
㉢ 신라 항복
㉣ 후고구려 건국
㉤ 후백제 멸망

☐ → ☐ → ☐ → ☐ → ☐

2 후삼국을 통일해 고려를 완성하고 다음과 같은 정책을 펼친 왕은 누구일까요?

(★)의 정책

1. 북진 정책 : 국호를 고려라고 하여 고구려 계승했다는 것을 알렸어요. 발해를 멸망시킨 거란을 적으로 여겼어요. 청천강에서 영흥만까지 땅을 넓혔어요.
2. 호족에 대한 정책 : 호족들과 혼인을 하고, 사성 정책(왕씨 성 하사)을 써서 호족들의 마음을 샀어요. 사심관, 기인 제도로 호족을 압박하기도 했어요.
3. 민생 안정 정책 : 세금을 내리고, 가난한 백성을 구제했어요.
4. 훈요 10조 : 후손이 지켜야 할 덕목을 정리해서 교훈으로 남겼어요.

★ ☐

3 태조 왕건은 고구려의 땅을 되찾기 위해 북진 정책을 펼치고 영토를 확장했어요. 이 밖에도 태조 왕건이 고구려를 계승했음을 알 수 있는 정책을 보기의 단어를 사용해서 써 보세요.

보기   국호, 서경, 거란

4 왕건은 지방 호족들과 힘을 합쳐 후삼국을 통일하게 되었어요. 그래서 호족의 마음을 사는 정책을 펼쳤으나 한편으로는 호족들의 세력을 견제하는 정책도 펼쳤어요. 이 정책의 이름은 무엇인지 각각 써 보세요.

호족을 출신 지역의 사심관으로 임명하여 그 지역을 통제 관리하게 한 (㉠) 제도와 호족의 자녀를 중앙으로 불러 인질처럼 잡아 둔 (㉡) 제도를 실시했어요.

5 태조 왕건은 후손들에게 지켜야 할 덕목을 아래와 같이 10가지의 교훈으로 남겼어요. 이것의 이름은 무엇일까요? 빈칸에 써 보세요.

제 1조   우리나라가 대업을 이룬 것은 불교의 힘이니 불교를 숭상하라.
제 4조   중국의 풍습과 제도는 배워야 하지만, 거란은 본받지 마라.
제 5조   서경을 중요하게 생각하라.
제 6조   연등회와 팔관회를 성대하게 치러라.
제 10조 언제나 마음을 가다듬어 조심하고, 옛일을 거울삼아 경계하라.

6 고려 광종의 업적을 보고, 물음에 답해 보세요.

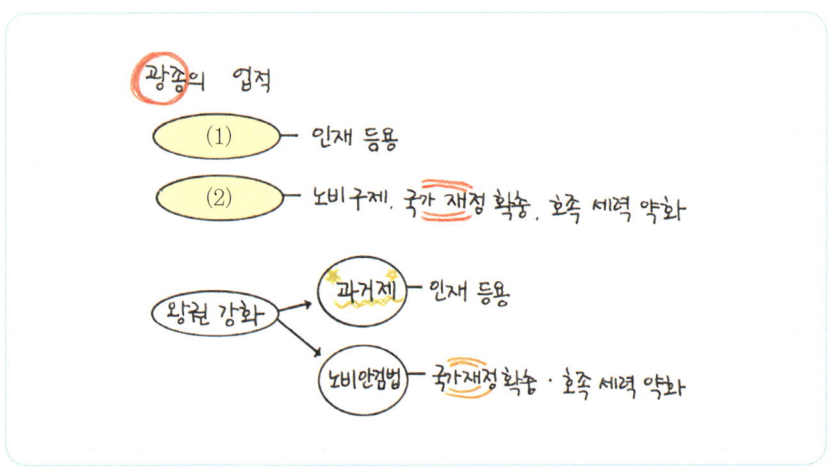

광종이 호족 세력을 약화시키고 왕권을 강화하기 위해서 실시한 두 가지 정책을 써 보세요.

7 다음 표에 나오는 것처럼 중앙 통치 제도를 정비하고 지방관을 파견했던 고려의 왕은 누구일까요?

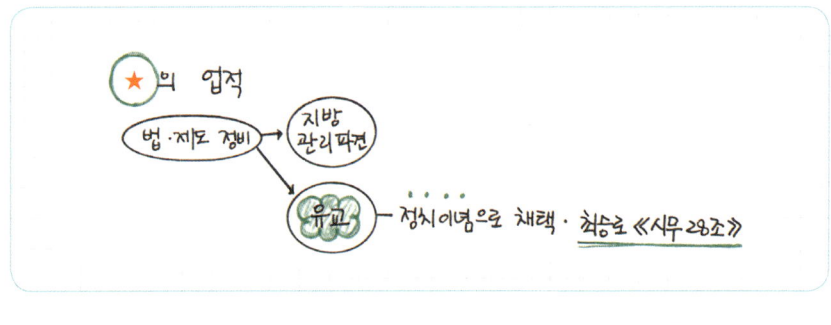

8 고려의 한 관리가 유교 사상을 바탕으로 성종에게 올렸다는 28개의 건의안 내용이에요. 이 관리와 건의안의 이름은 무엇일까요?

> 불교 행사에 폐단이 많으니 과도한 행사를 금지할 것
> 왕은 신하를 예로써 대할 것
> 지방마다 관리를 파견하고 백성들의 생활을 돌볼 것

관리의 이름　[　　　　]

건의안의 이름　[　　　　]

9 고려는 여러 차례 침략을 받았어요. 다음 역사를 일어난 순서대로 나열해 보세요.

① 몽골에 침략에 맞서 싸우기 위해 수도를 개경에서 강화도로 옮겼어요.
② 여진이 금을 건국하고 고려에게 임금과 신하의 관계를 요구했어요.
③ 고려는 3차에 걸친 거란의 침략을 받고, 북방 민족의 침략을 막기 위해 국경 부근에 천리장성을 쌓았어요.
④ 홍건적과 왜구를 물리친 최영, 이성계와 같은 신흥무인세력이 나왔어요.

10 거란은 고려에게 송과의 관계를 끊으라며 고려를 침입했어요. 거란의 1차 침입 때 고려의 서희가 거란의 장수 소손녕과 담판을 벌여 획득한 영토는 어디일까요? 지도 위에 ○하고, 지역의 이름을 아래에 써 보세요.

11 거란이 소배압이 이끄는 10만 대군으로 고려를 침입했으나 고려가 이를 전멸시키고 크게 승리한 전쟁을 무엇이라고 부를까요? 이 전쟁을 이끈 장군의 이름도 써 보세요.

 대첩, 　　　　　 장군

12 북쪽의 여진도 고려를 위협했어요. 윤관 장군은 여진을 정벌하기 위해 기병인 신기군, 보병인 신보군, 승려들로 이루어진 항마군으로 특수부대를 만들었지요. 이 부대의 이름은 무엇일까요?

13 고려 시대의 역사 사건들이에요. 시대순으로 나열해 보세요.

① 묘청의 서경 천도 운동　② 이자겸의 난
③ 농민과 천민의 저항 운동　④ 무신정변

14 고려의 큰 정치적 사건들에 대한 설명이에요. 물음에 대한 답을 보기에서 찾아 써 보세요.

> 보기 무신 정권, 망소이의 난, 몽골의 침입, 이자겸의 난, 묘청의 서경, 천도 운동, 만적의 난

(1) 승려 묘청은 인종에게 '고려를 황제국이라 하고, 독자적인 연호를 사용하며, 금나라를 정벌할 것'을 건의하고 도읍을 서경으로 옮기자고 했어요. 역사학자 신채호 선생이 우리 민족의 뛰어난 자주성을 엿볼 수 있는 사건이라고 한 이 일을 무엇이라고 부를까요?

(2) 고려 무신들이 문신을 몰아내고 강력한 군사력으로 나라를 지배해 100년간 이어간 정권을 무엇이라고 부를까요?

(3) 최충헌의 사노비였던 만적이 '왕후장상의 씨가 따로있느냐'라며 일으킨 신분 해방 운동을 무엇이라고 부를까요?

15 고려를 이끌어 간 세력을 순서대로 적은 것이에요. 다음 설명과 맞는 세력의 번호를 보기에서 찾아 써 보세요.

> **보기** ① 호족 → ② 문벌귀족 → ③ 무신 → ④ 권문세족 → ⑤ 신진사대부 → ⑥ 신흥무인세력

(1) 과거시험과 음서제도를 통해 고위 관직에 올랐고, 전시과와 공음전으로 대토지를 가지고 경제권을 장악했어요. 비슷한 가문이나 왕실과 혼인해서 세력을 더욱 키웠지요. (   )

(2) 원나라 황후인 기황후 세력인 기철을 비롯해서 대부분 원나라와 친했어요. 음서제도를 통해서 관직에 올랐으며, 백성들의 토지를 빼앗기도 했어요. (   )

(3) 공민왕의 개혁 정치를 지지했던 세력이에요. 고려 말에 들어온 새로운 학문인 성리학을 중심으로 과거시험을 통해 관직에 올랐어요.
(   )

16 몽골이 고려를 침략했을 때의 지도예요. 고려의 최씨 정권은 몽골에 맞서려고 개경에서 이곳으로 수도를 옮겼어요. 이곳은 어디일까요?

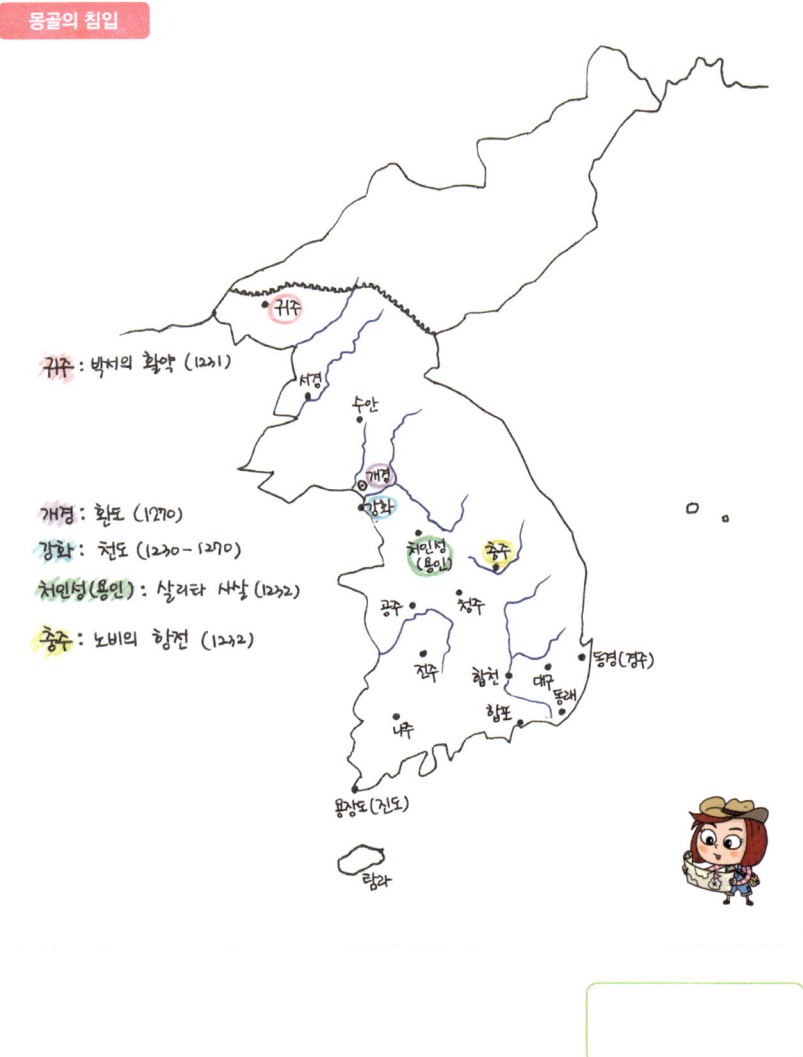

17 고려와 몽골은 전쟁을 끝내기로 하고, 1270년 고려 왕실은 개경으로 돌아왔어요. 그러나 이를 반대하며 강화도-진도-제주도로 근거지를 옮기고, 끝까지 몽골과 싸운 군대는 무엇일까요?

☐

18 몽골의 침략으로 고려는 많은 피해를 입었어요. 대표적인 문화유산도 불에 타서 소실되었지요. 무엇인지 2가지를 골라 보세요.

① 초조대장경
② 황룡사 9층 목탑
③ 조선 왕조 실록
④ 직지심체요절
⑤ 금속활자

19 초조대장경이 불에 타서 소실되자 고려는 민심을 수습하고 부처님의 힘으로 몽골을 물리치기 위해 이것을 다시 만들었어요. 2007년 세계문화유산에 등재된 이 문화재는 무엇일까요?

☐

20 고려의 무역을 보여 주는 지도예요. 중국, 일본, 아라비아 상인들과 활발하게 교류했으며, 코리아라는 이름을 널리 알린 무역항의 이름은 무엇일까요?

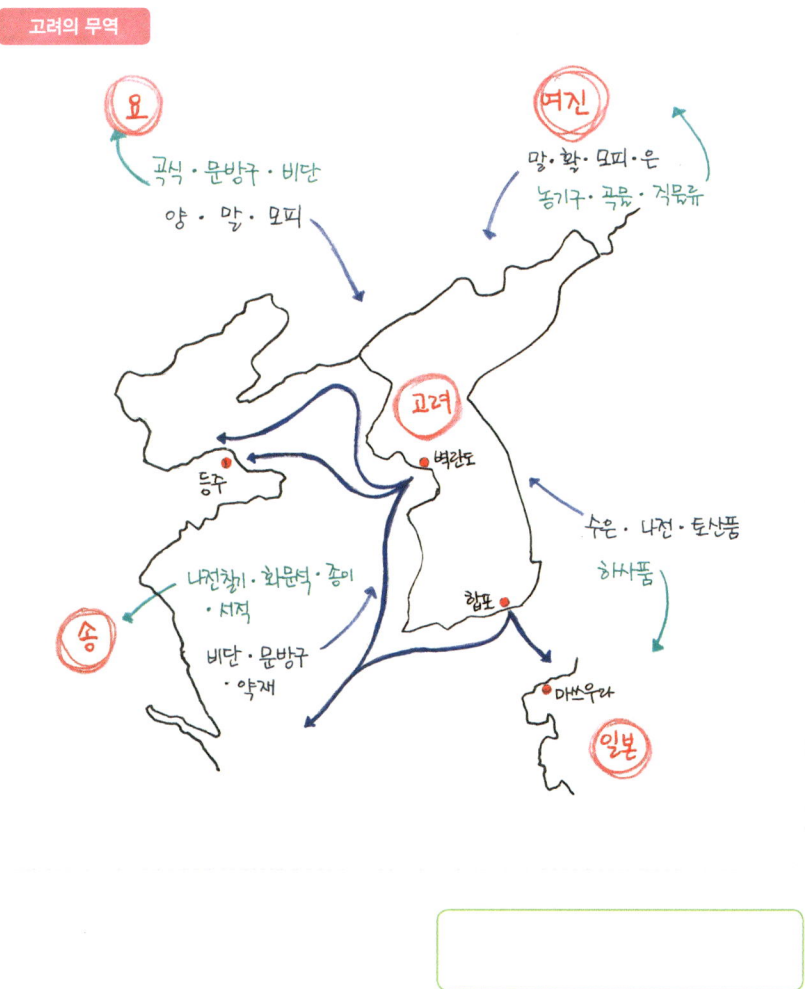

21 관련된 것끼리 서로 연결해 보세요.

(1) 대각국사 의천 •　　• ㉠ 조계종(선종을 중심으로 선종과 교종을 통합)

(2) 보조국사 지눌 •　　• ㉡ 천태종(교종을 중심으로 선종을 통합)

(3) 팔만대장경 •　　• ㉢ 현존하는 세계에서 가장 오래된 금속활자본

(4) 직지심체요절 •　　• ㉣ 목판 인쇄술의 발달

22 고려에서 발달한 도자기 기법으로 금속이나 나무의 바탕 겉면에 무늬를 새기고 그 무늬에 금과 은 등의 다른 재료를 채워 넣는 기술은 무엇일까요?

청자구름학무늬매병

23 다음은 고려에서 만든 역사책에 대한 설명이에요. 다음을 보고, 빈칸에 들어갈 역사책을 각각 써 보세요.

고려에서는 왕권을 강화하고 고려의 뿌리를 찾기 위해 역사책을 만들었다. 그중 김부식이 유교주의적 사관으로 삼국 시대 내용을 기록한 우리나라에 남아 있는 가장 오래된 역사책은 (㉠)이다.
원 간섭기에 일연은 민족의 자주 의식을 높이기 위해서 불교적 관점에서 단군 이야기와 불교 전설까지 담아 (㉡)라는 역사책을 지었다.

㉠
㉡

24 공민왕의 개혁 정치의 의의를 보기의 단어를 사용해서 써 보세요.

보기 원나라, 자주성, 신진 사대부

25 다음은 고려 시대 공민왕의 개혁 정치에 대해 만든 신문이에요. 빈칸을 채워 보세요.

고려 신문

시기: 14세기 중엽, 원의 쇠퇴기

공민왕의 개혁 정치

공민왕, 친원파를 숙청하다

공민왕은 원나라가 약해진 틈을 타서 기철을 중심으로 하는 친원파 세력을 제거했다. 그리고 원의 내정 간섭 기관인 정동행성을 폐지하고, 몽골에게 빼앗겼던 (㉠)를 공격하여 철령 이북의 영토를 다시 되찾았다. 또한 고려 왕실에 만연했던 몽골풍인 변발을 금지시켰다. 고려의 사회가 몽골 침입 이전으로 돌아갈 날이 머지 않은 것 같다.

안동에 놋다리밟기 놀이가 생겨나다

홍건적의 침략으로 공민왕과 노국대장공주가 안동으로 피란했다. 안동의 부녀자들이 모두 나와 노국대장공주가 무사히 강을 건널 수 있게 사람 다리를 만들었다는 훈훈한 소식이 들린다.

신돈의 건의로 설치된 전민변전도감

공민왕의 측근인 신돈의 건의로 공민왕은 전민변정도감을 설치하였다. 이 기구는 권문세족이 불법으로 빼앗은 토지를 원래의 주인에게 돌려주며, 억울하게 노비가 된 백성들을 양인의 신분으로 해방시키는 일을 한다. 만약 권문세족에게 억울한 일을 당했다면 지금 바로 전민변정도감을 찾아야 할 것이다.

새로운 세력이 등장하다

공민왕은 개혁 정치의 기반을 마련하기 위해 교육 기관인 성균관을 정비하여 유교적 지식을 갖춘 인재들인 (㉡)를 키웠다. 이들은 공민왕의 개혁 정치에 같이 동참할 예정이다.

㉠ [ ] ㉡ [ ]

26 고려 말 나라 사정은 더욱 어려워졌어요. 지도를 참고해서 이때 쳐들어온 외세와 이를 물리친 고려의 장군들을 각각 써 보세요.

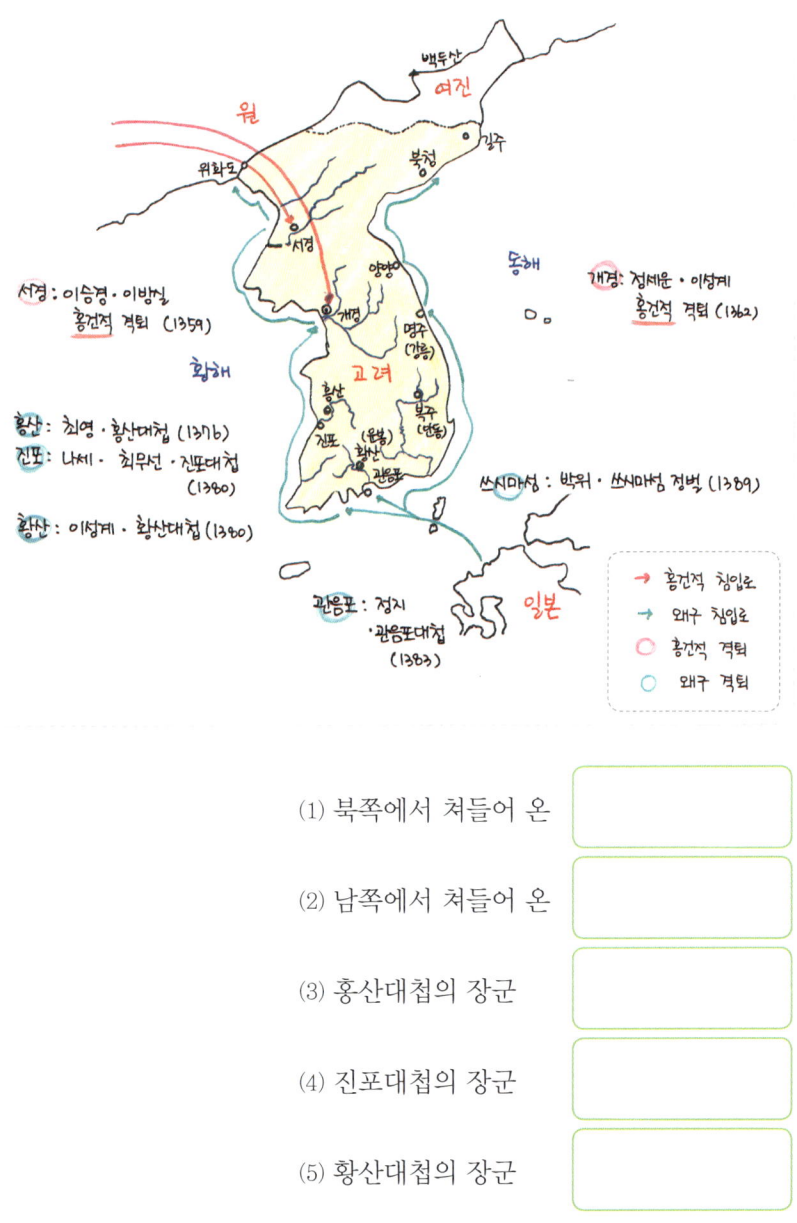

(1) 북쪽에서 쳐들어 온

(2) 남쪽에서 쳐들어 온

(3) 홍산대첩의 장군

(4) 진포대첩의 장군

(5) 황산대첩의 장군

10장 이성계가 세운 유교의 나라, **조선**
11장 혼란한 세계 속에서 일어난 **대한제국**
12장 암울했던 35년간의 **일제강점기**
13장 평화 통일을 위해 나아가는 **대한민국**

이성계가 세운 유교의 나라, 조선

▶ 손글씨로 정리한 한국사 노트 2 13~58쪽을 읽고 활동해요.

1 다음 표를 보고, 물음에 답해 보세요.

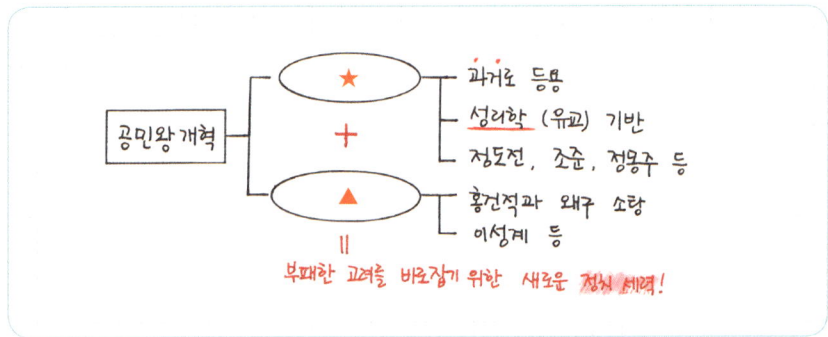

(1) 고려 공민왕은 개혁 정치를 위해 과거를 통해 관리가 된 사람들을 뽑아 썼어요. 정도전, 조준, 정몽주 등이 대표적인 사람이에요. 조선의 건국에 공을 세우기도 한 이 세력을 뭐라고 부를까요?

★ [　　　　　]

(2) 고려 말에 홍건적과 왜구를 물리치면서 새로운 등장한 세력이에요. 최영, 이성계 등이 대표적인 사람이에요. 이 세력을 뭐라고 부를까요?

▲ [　　　　　]

2 다음 지도를 보고, 물음에 답해 보세요.

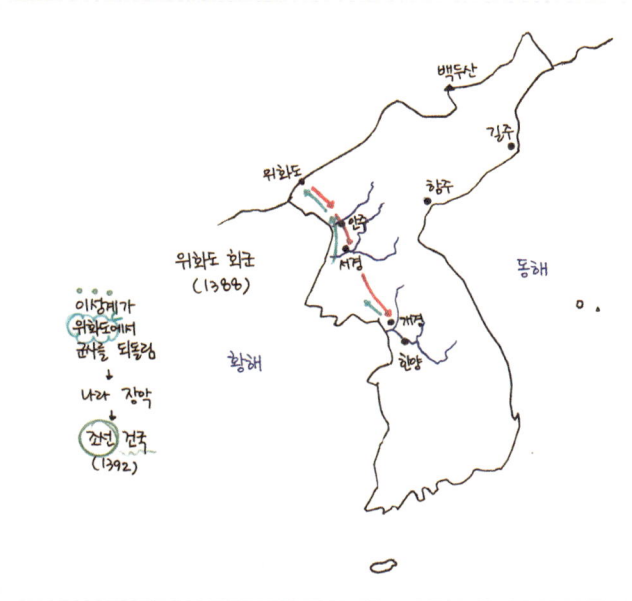

(1) 다음의 사건들을 일어난 순서대로 나열해 보세요.

① 한양 천도
② 위화도 회군
③ 조선 건국
④ 과전법 실시

(2) 조선을 건국한 이성계는 고조선을 계승한다는 뜻에서 나라 이름을 '조선'이라고 정하고, 도읍을 이곳으로 옮겼어요. 지도에서 조선의 도읍을 찾아 ○ 하고, 도읍의 이름도 아래에 써 보세요.

3 조선의 도읍에 대한 설명이에요. 밑줄 친 도읍의 각 부분을 오른쪽 페이지의 〈수선전도〉 위에 써 넣어 보세요.

이성계는 1394년 한양으로 조선의 도읍을 정하고, 도시를 건설했어요. 도시 건설에 큰 역할을 한 사람이 정도전이에요.

유교적 예법에 맞춰 백악산 아래에 <u>경복궁</u>을 두고, 경복궁(에서 남쪽을 바라보는 방향으로) 왼쪽에 <u>종묘</u>, 오른쪽에 <u>사직단</u>을 만들어 왕이 머무는 도성의 모습을 갖추었어요. 경복궁 앞 길 양쪽에는 의정부와 6조, 사헌부 등의 관청을 짓고 큰길도 냈는데, 이 길을 육조 거리라고 부르지요.

한양은 북쪽에는 <u>백악산</u>, 서쪽에는 <u>인왕산</u>, 동쪽에는 <u>타락산</u>, 남쪽에는 <u>목멱산</u>으로 사방이 둘러싸여 있어요. 이들 산과 산 사이를 이어 튼튼한 성벽도 쌓았답니다.

도성 안에는 4개의 산에서 흘러내린 물줄기가 모여들어 청계천을 이루고 있어요. 그 밖에도 사방에 길을 내고 시장과 학교, 관청과 평범한 집들을 세웠지요.

도읍 한양을 드나드는 문들도 있어요. 동서남북에 커다란 4대문과 그 사이에 크기가 좀 더 작은 4소문이 있지요. 4개의 대문은 유교의 기본 덕목인 인의예지신으로 이름을 지었어요. <u>흥인지문</u>, <u>돈의문</u>, <u>숭례문</u>, <u>숙정문</u>(원래는 가운데를 '지'라고 써야 하지만 '정'이 비슷한 뜻이라서 대신해 썼어요) 그리고 종로의 보신각까지, 한 나라의 도읍으로서 모든 것이 잘 갖추어진 것이었지요.

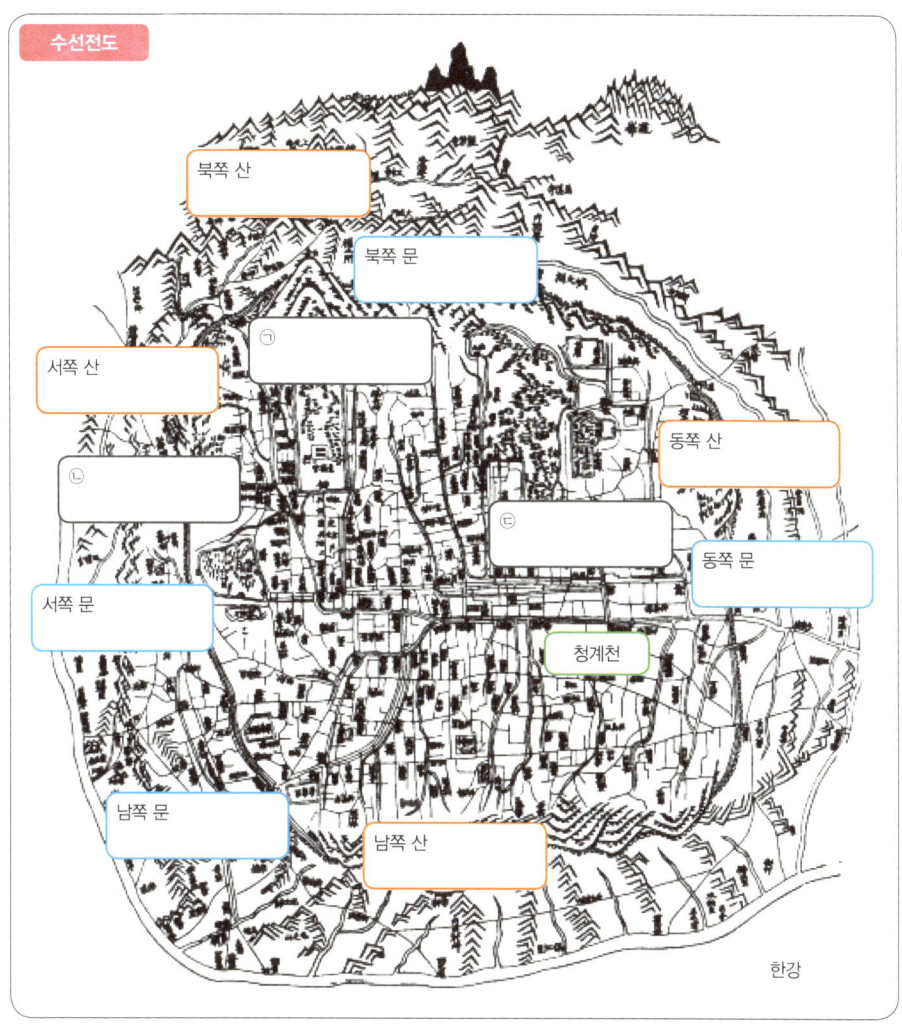

(1) 동서남북으로 한양을 둘러싸고 있는 산의 이름을 지도 위 주황색 선 칸에 써 봐요.

(2) 백악산 아래에 대표 궁궐인 (㉠)을 짓고, 그 왼쪽에는 조선의 왕과 왕비의 신주를 모셔 놓고 제사를 지내는 (㉡)를, 오른쪽에는 토지의 신과 곡식의 신에게 제사를 지내는 (㉢)을 만들었어요. 지도 위에 해당되는 기호 칸에 써 봐요.

⑶ 도성으로 드나들기 위해서 동서남북에 만든 문의 이름을 지도 위 하늘색 선 칸에 써 봐요.

4 조선 시대 임금님들이 모여서 이야기를 하고 있어요. 자신의 업적을 잘못 말한 임금은 누구일까요?

① 태조 : 위화도에서 회군하여 고려에 이어 새로운 조선을 세웠지. 개경은 고려의 수도였기에 조선만의 새로운 수도가 필요했단다. 그래서 한양으로 도읍을 옮겨 새로운 도시를 만들었지.
② 태종 : 사병은 왕권을 강화하는데 걸림돌이었어. 그래서 왕권을 강화하기 위해 사병을 폐지하고 호패법을 만들어 군대에 갈 사람들을 파악해 두었단다.
③ 세종 : 아마도 대한민국에서 나를 모르는 사람은 없을 것이야. 나는 훈민정음을 만들어 누구나 쉽게 배워 사용할 수 있도록 만들었단다.
④ 성종 : 일성록이라는 왕의 일기를 처음으로 썼단다. 하루에 세 번 스스로 반성한다는 의미로 일성록이라고 불렀지.

5 세종 대왕에 대한 설명이에요. 물음에 답해 보세요.

⑴ 세종 대왕은 우수한 인재를 등용해 학문 연구와 서적 편찬, 여러 가지 제도 개선 등의 일을 하도록 했어요. 이 일을 하던, 학문 연구 기관은 무엇일까요?

(2) '백성을 가르치는 바른 소리'라는 뜻으로, 세종 대왕이 만든 우리 글을 무엇이라고 부를까요?

(3) 세종 대왕은 농업을 중요하게 여기고, 과학 기술을 발전시키기 위해 노력했어요. 노비 출신이지만 세종의 등용으로 해시계 앙부일구, 물시계 자격루, 측우기 등을 만든 조선의 대표적인 과학자는 누구일까요?

(4) 세종대왕 때는 북쪽의 여진을 공격하고 영토를 확장했어요. 최윤덕이 압록강 지역, 김종서가 두만강 지역을 공격해서 땅을 넓힌 것을 무엇이라고 부를까요?

개척

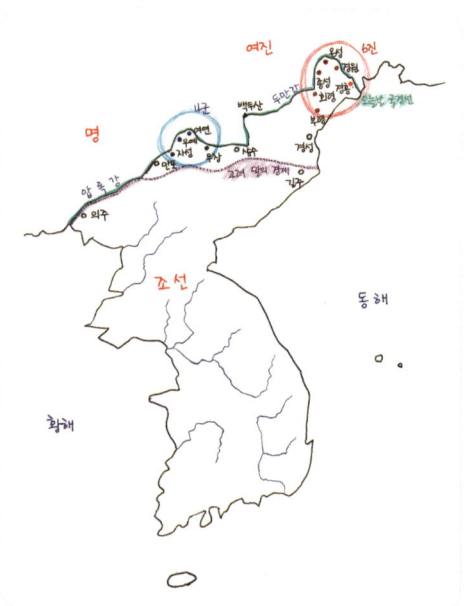

6 세종 대왕은 조선 과학과 문화의 황금기를 이루었어요. 다음을 알맞게 연결해 보세요.

(1) 앙부일구 •   • ㉠ 비가 내린 양을 측정해서 농사에 도움을 주는 기계

(2) 자격루 •   • ㉡ 시간에 따라 스스로 북과 징을 울려 시간을 알려 주는 물시계

(3) 측우기 •   • ㉢ 시간과 절기를 알 수 있는 솥 모양의 해시계

(4) 농사직설 •   • ㉣ 로켓의 원리에 따라 화약으로 발사되는 화살

(5) 신기전 •   • ㉤ 농업 기술을 널리 알리는 책

7 나라와 백성을 다스리는 기준이 된 조선 최고의 법전으로, 성종 때에 완성되었어요. 왕실의 의례, 세금, 백성들의 생활에 적용되는 법까지 자세하게 밝히고 있는 수준 높은 이 법전은 무엇일까요?

8 조선은 다양한 역사 기록을 남겨서 기록의 나라라고 불러요. 오늘날 세계 기록 유산에 등재되기도 했지요. 다음 조선의 기록 유산을 알맞게 연결해 보세요.

(1) 조선왕조실록 •

㉠ 조선 시대 왕의 비서실인 승정원에서 기록한 일기로, 왕에게 보고되는 문서와 왕의 명령 등을 매일 정리하여 한 달에 한 번 책으로 만들어 보관했어요.

(2) 승정원일기 •

㉡ 조선 왕실과 국가의 중요한 행사를 글과 그림으로 남긴 책이에요.

(3) 의궤 •

㉢ 조선의 1대 왕 태조부터 25대 왕 철종까지 왕들의 행적을 기록한 책이에요. 왕이 가는 곳이면 어디든지 사관들이 따라가 왕과 말과 행동을 자세히 기록했어요.

9 아림이는 조선의 통치 제도를 정리했어요. 아림이의 노트 정리를 보고, 물음에 답해 보세요.

조선의 통치 제도

1) 중앙 정치 제도
   - 의정부 : 삼정승이 국가 정책을 결정하는 최고 정치 기구
   - 6조 : 실제 행정을 담당하는 기구
   - 승정원 : 왕의 비서 기관
   - 삼사 : 사헌부, 사간원, 홍문관으로 권력 독점과 부정을 막는 기구

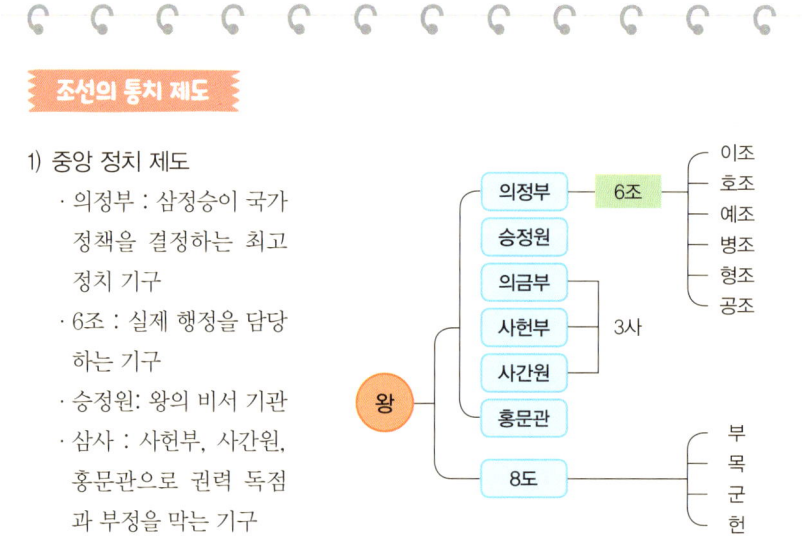

2) 지방 행정 제도 : 전국을 8도로 나누고 지방관을 파견
   - 관찰사 : 각 도에 파견
   - 수령 : 모든 군, 현에 파견

3) 군사 제도
   - 16세에서 60세까지의 양인 남자는 군역의 의무
   - 봉수 제도 : 군사적 위급 상황을 중앙에 신속하게 전달

4) 교육 제도
   서당 - 향교(지방), 4부 학당(서울) - 성균관(최고 교육 기관)

5) 과거 제도 : 3년마다 치르며 양인이면 누구나 응시가능
   - 문과(소과, 대과) - 문관을 뽑는 시험
   - 무과 - 무관을 뽑는 시험
   - 잡과 - 기술직을 뽑는 시험

⑴ 조선 시대에 왕권과 신권의 조화를 추구하기 위해 설치한 기구예요. 국가 정책을 결정하던 이 최고 정치 기구는 무엇일까요?

⑵ 고려 시대에 어사대와 같은 일을 하던 곳으로, 조선 중앙 정치 기관의 삼사 중 한 곳이에요. 관리를 감찰하던 이 기구는 무엇일까요?

⑶ 조선 시대에 소과에 합격한 생원과 진사가 입학하던 최고의 교육 기관은 어디일까요?

10 오늘날은 누구나 능력에 따라서 직업을 선택하고 동등한 권리를 갖을 수 있지만 조선 시대에는 그러지 못했어요. 고려 시대와 조선 시대에 여성의 지위와 삶이 어떻게 변했는지 보기의 단어를 사용해서 써 보세요.

> 보기 고려 시대, 재산, 제사, 조선 중·후기, 유교 질서, 집안일

11 조선 시대에는 양반, 중인, 상민, 천민으로 사람들의 신분이 나누어졌어요. 신분에 따라서 직업과 생활 모습도 달랐지요. 자신의 신분에 대해 잘못 소개하는 사람은 누구일까요?

① 양반 정의현 도령 – 우리 아버지와 할아버지는 과거 시험을 치르고 관리가 되기 위해서 평생 글공부를 했어. 나도 다섯 살에 《천자문》을 떼고, 지금은 서원에서 《사서삼경》을 공부하고 있단다.

② 의원 허준 – 잡과라는 과거 시험을 통해 관리가 되어 관청에서 일을 해. 의학을 전공한 나와 통역을 맡아 일하고 있는 내 친구 역관 오경석이 중인 신분이지.

③ 농사꾼 만석이 – 농사일, 어업, 수공업, 상업에 종사하는 사람들을 상민이라고 하지. 우리도 신분은 양인에 속하기 때문에 과거 시험을 볼 수 있지만 먹고사는 게 힘들어서 공부는 꿈도 못 꾼단다.

④ 머슴 마당쇠 – 우리들은 백정이나 사당패 등으로 일하는 천민과 양반의 재산으로 여겨지는 노비란다. 그렇지만 군대에 가서 나라를 지키고, 세금을 내야 해.

12 조선 사람들의 의식주와 생활, 사상에 대한 설명이에요. 맞으면 O표, 틀리면 X표 하세요.

(1) 조선 시대에 옷은 신분을 나타내는 수단이었어요. 계절에 따라 알맞은 옷감으로 옷을 만들어 입었지요. 남자는 바지와 저고리, 여자는 치마와 저고리가 기본이었어요. (   )

(2) 밥을 주식으로, 반찬을 부식으로 하는 음식 문화를 가지고 있었어요. 추운 겨울을 대비해 김치를 보관하는 김장 문화가 발달했어요. (   )

(3) 조선 시대 양반 집은 유교적 예법에 따라서 조상을 모시는 사당과 남자 어른이 머무는 안채, 여자 어른이 머무는 사랑채 등으로 구분되었어요. (   )

(4) 조선은 유교를 통치 이념으로 삼았으나 학문과 교육은 불교를 바탕으로 하고 있어요. (   )

(5) 유교의 도덕에서 기본이 되는 세 가지 강령과 다섯 가지 도리인 '삼강오륜'을 중시했어요. (   )

13 은아는 조선 시대 정치 세력을 정리했어요. 은아의 노트 정리를 보고, 물음에 답해 보세요.

조선 시대의 정치 세력

1. 훈구와 사림
   훈구파 : 조선을 건국하는 데 참여해서 공을 세운 신하들
   사림파 : 조선을 건국하는 데 참여하지 않았던 고려 말 신진 사대부 온건파의 후손들
   – 성종은 훈구파를 견제하기 위해 삼사에 사림 신하들을 등용했다.

2. 훈구파와 사림파가 대립하면서 일어난 사건을 사화라고 한다.

무오사화	갑자사화	기묘사화	을사사화
연산군	연산군	중종	명종
김종직의 조의제문	연산군 생모 폐비윤씨 사건	조광조의 급진적 개혁	외척 간의 다툼

3. 사림이 세력을 키우던 곳 : 서원(지방 사립 학교)과 향약(마을 사람들이 지켜야 할 규약)

4. 선조가 임금이 된 다음 사림이 중앙 권력을 모두 잡았다.

(1) 다음에 설명하는 조선의 정치 세력은 누구일까요?

조선 건국에 참여하지 않은 고려 말 신진 사대부 온건파의 후손이었어요. 지방에서 살며 학문을 연구하고 도덕과 의리를 중요하게 여겼어요. 성리학적 기본 질서를 강조하는 왕도 정치를 추구했지요. 성종이 훈구 세력을 견제하기 위해 이들을 삼사에 등용하면서 본격적으로 중앙 정치에 나섰어요.

(2) 다음에 설명하는 곳은 어디일까요?

중종 때 풍기 군수 주세붕이 고려 시대에 성리학을 도입한 안향을 기리며 처음 세웠어요. 옛 유학자의 제사를 지내고 지방 양반 자제를 교육시키는 사립 교육 기관이었지요. 나라에서 토지, 노비, 서적 등 지원을 받았어요. 사림 세력이 나라의 권력을 모두 가진 다음에 이곳의 수도 늘어났어요.

14 조선 시대에 성리학 발전에 기여한 학자들이에요. 다음 설명에 해당하는 사람은 누구일까요?

(1) 선조에게 성리학을 이해하기 쉽게 그림으로 표현한 《성학십도》를 바치면서 국왕이 백성의 모범이 되며, 바른 마음가짐을 가져야 함을 강조한 사람이에요.

(2) 십만 명의 군사를 양성해야 한다는 개혁안을 주장하였으며, 어린이들을 위해 《격몽요결》을 지어 바른 생각과 몸가짐을 가지도록 한 사람이에요.

15 조선 시대에 있었던 일이에요. 일어난 순서대로 써 보세요.

① 선조 시대에는 사림이 권력을 모두 차지했어요. 이들은 학연, 지연 등으로 붕당을 다시 만들었고, 양반 사회는 분열되고 있었어요.
② 전국에서 백성들이 의병을 조직해서 일본과 싸웠어요. 이순신은 한산도 대첩에서 승리를 거두었어요.
③ 1592년 4월, 일본이 조선을 침략했어요. 부산과 동래가 일본에게 함락되었지요.
④ 노량해전으로 임진왜란은 끝났지만, 조선은 많은 피해를 입었어요.
⑤ 충주에서 신립 장군이 일본의 조총부대에 지고 말았어요. 선조는 평양, 의주 등으로 피난을 떠났어요.

16 조선 왕들의 정책 설명을 보고, 알맞은 이름을 찾아 써 보세요.

| 선조 | 광해군 | 인조 | 효종 |

(1) 병자호란과 정묘호란으로 청에게 받은 치욕을 갚고자 북벌 정책을 폈어요. (   )

(2) 허준에게 《동의보감》을 만들게 했어요. 강해진 후금과 명나라 사이에서 중립 외교를 펼쳤으며, 임진왜란으로 황폐해진 나라를 복구하는 데 힘썼어요. (   )

(3) 중립 외교 정책에 반대했어요. 광해군을 물러나게 한 다음, 친명 배금 정책을 펼쳤어요. 그리고 청나라의 침략을 받아 삼전도에서 굴욕적인 강화를 맺었어요. (   )

17 창의력 더하기 정조가 수원 화성을 건설한 이유가 무엇인지 보기의 단어를 사용해서 써 보세요.

보기   새로운 도시, 상업의 중심지, 국왕 중심, 개혁 정책

18 조선 시대 영조와 정조 임금을 소개하는 역사 신문을 만들려고 해요. 빈칸을 알맞은 말을 넣어서 완성해 보세요.

| 탕평 신문 |

시기 : 조선 17~18세기

영조와 정조의 왕권 강화

영조! 새로운 법을 제정하다

"어명이오! (①   )을 실시하여 백성들의 세금을 줄이도록 하라!"
오늘 밤부터는 밤새도록 초가집에서 들리던 베 짜는 소리가 멈출 것으로 예상된다. 16세 이상 양인 남자들의 의무인 군역을 대신해서 내던 군포 2필 때문에 밤마다 부녀자들은 쉴 틈 없이 베틀로 옷감을 짜야 했다. 게다가 관리들의 횡포로 군포를 여러 번 받아가기도 하였다. 이에 임금님께서는 1년에 1필로 균등하게 군역을 정하는 법을 만드셨다. 　　　　　　- 기별서리 황경인

(기별하오)

붕당 정치 때문에 돌아가신 사도세자를 안타깝게 생각하신 영조께서 당쟁을 없애고 왕권을 강화하기 위해 (②   )을 실시하셨다. 영조는 관리가 될 학생들이 모여 공부하는 성균관 입구에 탕평비를 세워 그 뜻을 널리 알리셨다.
　　　　　　- 기별서리 임진순

오늘의 인물 - 정조를 만나다

탕평 신문이 만난 오늘의 인물은 정조 임금님입니다. 임금님을 만나기 위해 찾아간 곳은 규장각이 아니라 화성이었습니다. 임금님께서는 평소에 규장각에서 책을 읽으시거나 규장각 검서관들과 국정을 논하셨는데, 오늘은 화성 서장대에서 군사 지휘를 하고 있었습니다. 화성의 4개 문과 연무대에서는 일사불란하게 움직이는 왕의 친위대인 (③   )의 멋진 위상을 살펴볼 수 있었습니다.
이곳 화성은 정약용이 설계했으며, 도르래의 원리를 이용해 만든 장치인 (④   )를 사용하여 화성을 짓는 시간과 돈도 절약되었다고 합니다.

화성은 교통이 편리하고 상업을 발달시키기 좋은 위치입니다. 정조 임금님은 백성들의 생활과 학문의 발전을 위한 다양한 개혁을 추진하며 왕권을 강화하고 있습니다. 다음 개혁은 무엇일지 궁금해지기 시작합니다.

― 기별서리 이민유

(격쟁을 울려라)
화성 건설에만 거중기를 사용하면 되겠습니까? 우리 마을 우물파는 일에도 거중기를 사용하게 해 주십시오.

― 팔달 마을 김판돌

19 앞의 탕평 신문에서 정조의 업적을 잘 읽은 다음, 다음 표의 빈칸에 알맞은 말을 써 보세요.

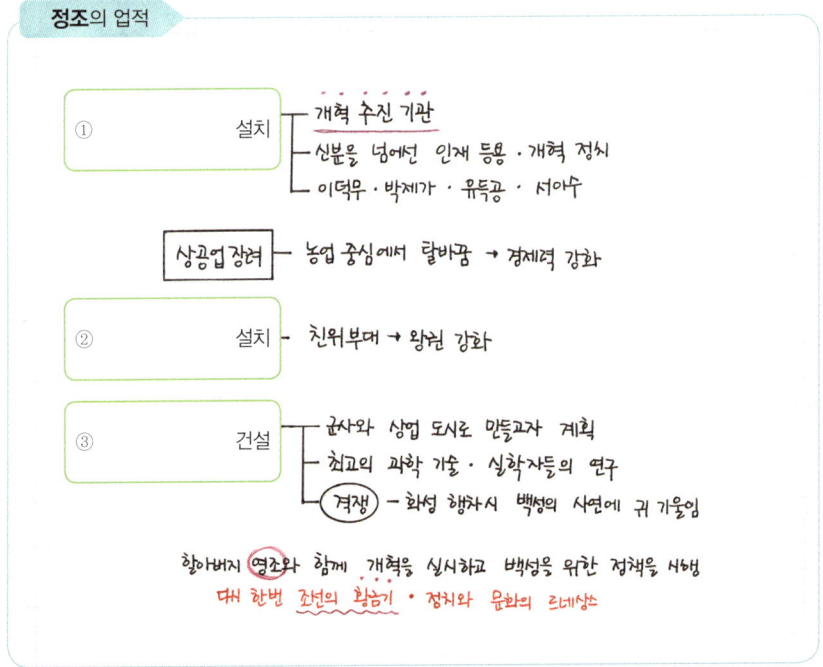

20 푸른 등대반 친구들이 모여 조선 후기 사회 모습에 대해 이야기하고 있어요. 괄호 안에 알맞은 말을 써 보세요.

- **선우** : 조선 후기에는 농업 기술이 발달해서 (①   ) 이 전국으로 확대되었어. 이 방법으로 김매기가 쉬워지고, 벼와 보리의 이모작도 할 수 있게 되었어. 농사로 많은 돈을 버는 사람도 생겨났지.
- **윤정** : 다양한 상품 작물 재배로 5일장이 생겨났어. 화폐인 (②   )도 사용되었어.
- **호성** : 상업의 발달로 청나라, 일본과 국제 무역도 활발해졌어. 인삼으로 유명한 개성을 중심으로 활동하던 (③   )이라는 거상도 있었지.
- **미선** : 맞아. 한양을 중심으로 활동한 (④   ), 의주에 만상, 동래의 내상이 대표적인 대상인이었어.
- **재하** : 조선 후기의 이런 변화로 양반 중심의 신분 질서가 흔들리기 시작했어. 신분적 제약에서 벗어나려는 농민과 노비 등은 납속책과 (⑤   )으로 더 높은 신분을 가질 수 있었어. 돈 있는 농민들도 양반으로 신분을 높였기 때문에 양반의 수가 전보다 크게 늘어났어.

21 임진왜란과 병자호란 뒤로 지식인들 사이에서는 실제로 백성이 잘살게 하고, 나라의 힘을 기르기 위한 실질적인 학문을 연구하자는 흐름이 생겨났어요. 이 학문을 무엇이라고 할까요?

22 소진이는 조선 후기 새로운 문화의 발전에 대해서 노트 정리를 했어요. 이것을 보고, 물음에 답해 보세요.

- **국학 발달** – 우리 문화에 대한 관심이 높아짐
  1. 역사 – 안정복의 《동사강목》, 유득공의 《발해고》
  2. 지리 – 이중환의 《택리지》, 김정호의 《대동여지도》
  3. 국어 – 신경준의 《훈민정음운해》, 유희의 《언문지》
  4. 의학 – 허준의 《동의보감》

- **조선 후기 서민 문화**
  1. 한글 소설 – 《홍길동전》, 《춘향전》
  2. 판소리 – 소리꾼과 북 장단을 치는 고수 두 사람이 이끌어 가는 공연
  3. 탈놀이 – 양반 사회의 부패와 사회 모순을 풍자
  4. 공예 – 청화 백자 유행
  5. 그림 – 진경산수화(정선), 풍속화(김홍도, 신윤복), 민화
  6. 서예 – 추사체(김정희)

(1) 김정호가 만든 우리나라 지도로, 목판으로 제작되었어요. 산, 강, 도로 등을 자세하게 표시하였으며, 도로는 10리마다 점을 찍어 거리를 표시했어요. 오늘날의 지도와 비교해도 큰 차이가 없을 만큼 정확한 이 지도는 무엇일까요?

(2) 소리꾼과 고수의 창(노래), 아니리(말), 발림(너름새)로 이루어진 공연이에요. 조선 후기 신재효가 여섯 마당으로 정리했는데, 현재에는 《춘향가》, 《심청가》, 《흥보가》, 《적벽가》, 《수궁가》 다섯 마당이 전해지

고 있어요. 2003년 유네스코 인류 무형 유산에 등재되기도 한 이것은 무엇일까요?

⬜

(3) 조선 후기에는 우리나라 실제 자연을 소재로 그린 (㉠   )가 유행했어요. 대표 화가인 정선은 〈금강산도〉, 〈인왕제색도〉 등의 작품을 남겼어요. 또한 우리 서민들의 생활 모습을 그린 (㉡   )가 등장했어요. 대표 화가로 김홍도와 신윤복이 있지요.

㉠ ⬜   ㉡ ⬜

23 다음에 해당하는 종교는 각각 무엇일까요?

(1) 17세기 중국을 왕래하는 사신들이 전한 종교로, 처음에는 서양 학문으로 받아들여 서학이라고 불렀어요. '인간은 누구나 평등하다'는 교리를 내세워서 백성들에게 퍼져 나갔지만 많은 박해를 받은 이 종교는 무엇일까요?

⬜

(2) 최제우가 창시한 종교예요. 유교, 불교, 도교와 민간 신앙을 합한 종교로 인내천 사상을 강조했어요. 천주교인 서학과 서양 문물에 반대했으며, 사회 제도를 개혁하려 했던 이 종교는 무엇일까요?

⬜

24 순조, 헌종, 철종 3대 60년 동안 외척 세력(안동 김씨-풍양 조씨-안동 김씨)이 권력을 독점하여 나라를 다스린 정치 형태를 무엇이라고 할까요?

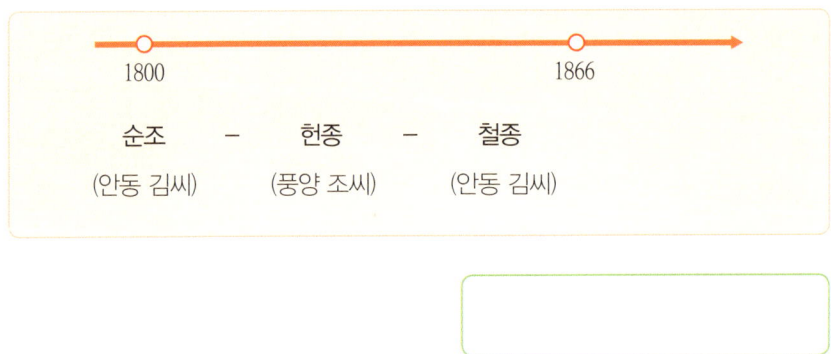

25 세도 정치 시기 때 일어난 백성들의 봉기를 각각 써 보세요.

세도 정치 시기에는 많은 세금과 관리들의 부정부패로 농민들의 삶이 더욱 어려워졌어요. 농민들은 나라 곳곳에서 봉기를 일으켰지요. 평안도 지역에서 몰락한 양반이 일으킨 (①) 과 진주를 중심으로 탐관오리의 횡포에 대한 농민 저항인 (②) 가 있어요.

11장 혼란한 세계 속에서 일어난 대한제국

▶ 손글씨로 정리한 한국사 노트 2 59~77쪽을 읽고 활동해요.

1 세도 정치로 어지러워진 나라를 바로 세우기 위해 흥선 대원군은 개혁 정치를 펼쳤어요. 다음 표를 보고, 물음에 답해 보세요.

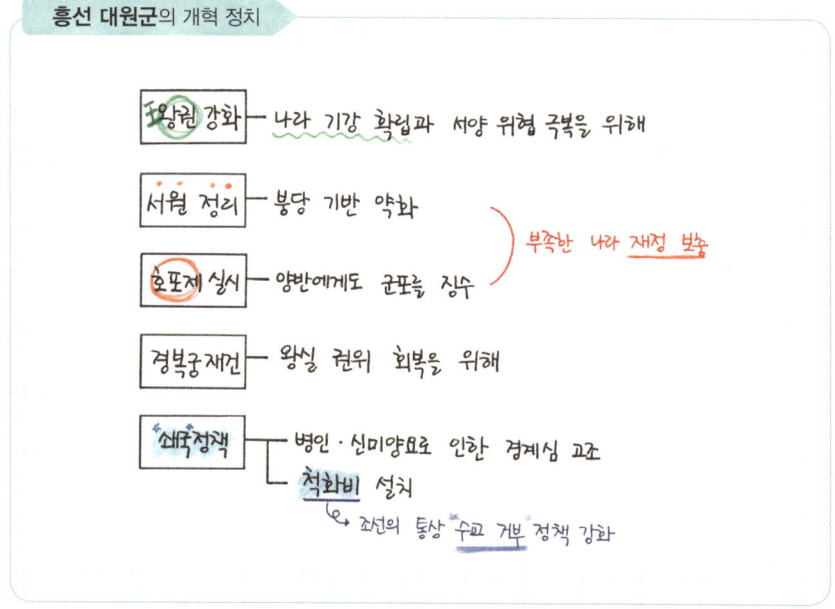

(1) 위 흥선 대원군의 정책 중에서 특히 양반들이 불만스러워 했던 것은 무엇인지 2개를 고르세요.

① 서원 정리
② 호포제 실시
③ 쇄국 정책
④ 척화비 설치

(2) 흥선 대원군은 왕실의 권위를 회복하려고 이 일을 시작했으나, 비용을 마련하려고 당백전이라는 화폐를 발행해서 경제를 혼란스럽게 만들었어요. 백성들을 강제로 데려와 일하게 하면서 온 백성들의 원망을 듣기도 했지요. 이 정책은 무엇일까요?

(3) **창의력 더하기** 흥선 대원군의 쇄국 정책의 의미와 아쉬운 점에 대해 앞의 표를 참고해 써 보세요.

_____
_____
_____
_____

2 조선 후기에 서양 세력과 충돌한 사건들이에요. 일어난 순서대로 써 보세요.

> ㉠ 오페르트 도굴 사건 ㉡ 병인양요 ㉢ 병인박해 ㉣ 신미양요
> ㉤ 척화비 설치

☐ → ☐ → ☐ → ☐ → ☐

3 밑줄 친 부분과 관련된 사건은 무엇일까요?

> 2011년 7월 국립 중앙 박물관 상설 전시관 1층 특별 전시실에 특별한 유물이 전시되었어요. 박병선 선생님이 프랑스 국립 도서관에서 발견한 조선 시대 외규장각《의궤》297권이 145년 만에 고국으로 돌아와 빛을 보게 된 거예요.
> <u>1866년 프랑스는 조선에서 천주교를 탄압한 데에 책임을 묻고, 조선에게 통상을 요구하며 강화도로 침략했어요.</u> 정족산성에서 양헌수 장군이 프랑스군을 물리치자, 프랑스군은 퇴각하면서 강화도 외규장각에 보관되어 있던 많은《의궤》와 보물들을 약탈해 갔어요.

4 흥선 대원군은 병인양요와 신미양요로 서양 세력을 물리친 뒤 통상 수교 거부 정책을 강화하고 이를 알리기 위해 전국에 비석을 세웠어요. 이 비석의 이름은 무엇일까요?

5 아래는 조선과 일본 사이에 맺어진 조약의 내용이에요. 1876년에 일본의 강압에 따라 맺어진 이 조약의 이름은 무엇일까요?

> 제 1조 조선은 자주국이며 일본과 평등한 권리를 가진다.
> 제 4조 조선은 부산 이외의 두 곳의 항구를 개항한다.
> 제 7조 조선의 해안을 일본의 항해사가 자유로이 측량하도록 허가한다.
> 제 10조 일본인이 항구에 머무르는 동안 죄를 지은 사람은 일본 법에 따라 일본 관리가 심판한다.

6 외세에 시달리던 조선은 자주적인 근대화를 위해 노력했어요. 빈칸을 채워 이에 대한 설명을 완성해 보세요.

조선은 일본을 비롯해 서양 여러 나라들과 조약을 맺고, 개화 정책을 추진했어요. 먼저 신식 군대인 (①   )을 조직했고, 청나라에는 (②   )를 파견하여 무기 제조법과 군사 훈련법을 배웠어요. 일본에는 조사 시찰단과 수신사를 파견해 근대 문물을 시찰했지요.

수신사로 일본에 다녀온 김홍집은 청나라 사람이 쓴 《조선책략》이라는 책을 가져왔어요. 조선이 러시아를 막기 위해서 (③   )과 수교해야 한다는 내용이 담겨 있었지요. 그래서 조선은 서양 국가 중 처음으로 이 나라와 수교했고, 다양한 산업 시설과 첨단 문물을 시찰하기 위해 보빙사를 보냈어요.

7 동휘는 강화도를 답사하고, 강화도에서 일어난 역사 사건들을 정리했어요. 빈칸을 채워 표를 완성해 보세요.

사건 이름	㉠	㉡	㉢
배경	프랑스 선교사와 천주교 신자를 박해한 병인 박해 사건	제너럴셔먼호 사건	운요호 사건
과정	강화도로 침략한 프랑스군을 양헌수 장군이 정족산성에서 물리쳤어요.	강화도로 침략한 미국군과 어재연 장군이 광성보에서 맞서 싸웠어요.	강화도로 침략한 일본군은 초지진을 폭격했어요.
결과	프랑스군을 격퇴하였으나 프랑스는 외규장각의 《의궤》와 보물을 약탈해 갔어요.	미국군을 격퇴하고, 전국에 척화비를 세워 통상 수교 거부 정책을 강화했어요.	일본의 강압으로 조약을 맺었어요. 서양 여러 나라에게도 조선의 문호를 개방했어요.

8 정빈이가 강화도 조약에 대해 설명하고 있어요. 하지만 틀린 곳이 한 군데 있어요. 틀린 번호를 골라 문장을 고쳐 주세요.

> (1) 우리나라가 외국과 맺은 최초의 근대적 조약이다.
> (2) 1875년 미국이 제너럴셔먼호 사건을 구실로 통상을 요구해서 맺은 조약이다.
> (3) 부산, 인천, 원산의 3개의 항구를 개항하였다.
> (4) 일본의 강압에 따라 맺은 불평등한 조약이다.

9 조선의 정치를 시대순으로 다룬 표예요. 물음에 답해 보세요.

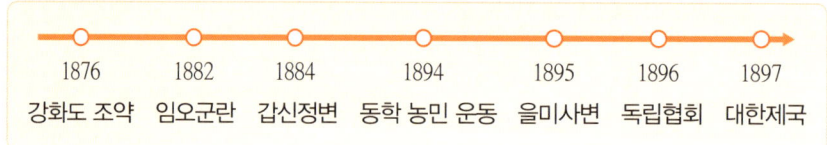

(1) 신식 군대에 비해 차별을 받던 구식 군인들이 정부 고관을 죽이고, 일본 공사관을 습격한 사건이에요. 이 일로 조선은 청나라의 간섭을 받게 되었어요. 또 일본은 이 사건에 책임을 일본과 제물포 조약을 맺고, 일본군이 조선에 주둔하게 했지요. 물어 이 사건은 무엇일까요?

(2) 갑신정변에 대해서 세 친구가 토론하고 있어요. 친구들의 설명이 맞도록 괄호 안에 들어갈 알맞은 단어를 골라 ○해 보세요.

- ㉠ 진현 – 갑신정변은 개화를 빨리 이루고자 했던 김옥균, 박영효, 홍영식 등 (**온건개화파**, **급진개화파**)들이 일본의 군사적 도움을 약속받고, 우정국 개국 축하연을 이용하여 일으킨 정변이야.
- ㉡ 태우 – 새로운 정부를 만들고 14개조의 개혁 정강을 발표했지만 (**청나라**, **일본**)의 개입으로 3일 천하로 끝나고 말았어.
- ㉢ 가은 – 갑신정변이 실패한 이유는 (**일본**, **러시아**) 세력에 지나치게 의존하고 있었고, 당시 백성들의 지지를 얻지 못했기 때문이었어.

(3) 다음은 동학 농민 운동에 대한 설명이에요. 일어난 순서대로 써 보세요.

> ㉠ 전라도 고부 군수 조병갑의 수탈이 심하자 전봉준을 중심으로 동학 농민 봉기가 일어났어요.
> ㉡ 동학 농민군은 일본군을 몰아내기 위해 2차 봉기를 일으켰지만 공주 우금치에서 졌고, 전봉준은 체포되었어요.
> ㉢ 조선에 들어온 청나라와 일본이 청일 전쟁을 일으켰어요.
> ㉣ 동학 농민군은 황토현 전투에서 승리하여 전주성을 점령했어요.
> ㉤ 동학 농민군은 정부와 전주 화약을 맺고, 동학 농민군의 개혁안을 약속받고 스스로 해산했어요.

☐ ➡ ☐ ➡ ☐ ➡ ☐ ➡ ☐

(4) 조선의 정치를 시대순으로 다룬 9번 문제 표에서 조선에 청나라가 더욱 간섭하게 된 사건 2가지를 골라 써 보세요.

☐

☐

10 다음은 무엇에 대한 설명일까요?

동학 농민 운동 다음에 일본의 강요로 이루어진 근대적 개혁이에요. 어요. 과거제와 신분제 폐지, 여성의 재가 허용, 도량형 통일 등 사회 전반을 근대적인 제도로 바꾸는 개혁이었지요. 그러나 일본의 간섭으로 군사와 토지 제도 개혁은 제대로 이루어지지 못했으며, 국민들의 지지도 얻지 못했어요.

11 다음 설명과 보기의 표를 보고, 물음에 답해 보세요.

㉮ 청일 전쟁 뒤에 일본의 세력이 커지자 러시아는 프랑스, 독일과 함께 일본을 견제하려고 했어요. 명성 황후를 중심으로 조선 정부도 러시아의 힘을 빌려 일본의 간섭에서 벗어나고자 했지요. 그러자 ㉯ 일본은 고종과 명성 황후가 있던 경복궁의 건청궁 옥호루를 습격하여 명성 황후를 시해했어요. ㉰ 고종은 일본의 위협을 피하기 위해 러시아 공사관으로 거처를 옮겼어요. 그 뒤 조선에서는 러시아의 영향력이 커졌어요. 철도 부설권, 광산 채굴권, 삼림 채벌권 등의 각종 이권들도 열강에게 침탈당했지요.

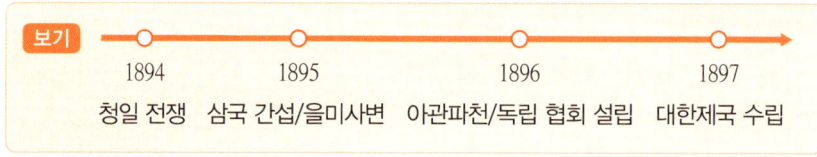

보기
1894 청일 전쟁　1895 삼국 간섭/을미사변　1896 아관파천/독립 협회 설립　1897 대한제국 수립

앞의 설명 중 밑줄 친 문장에 해당되는 사건을 위의 보기에서 골라 써요.

㉮ (　　　　　) ㉯ (　　　　　) ㉰ (　　　　　)

12 다음 독립 신문에서 빈칸에 들어갈 공통된 말을 써 보세요.

1897년 10월 16일 (광무 원년) | 독립신문 | 제 123 호

고종, (★)을 선포하다
경복궁에서 러시아 공사관으로 거처를 옮긴 지 1년 만에 임금님께서는 경운궁으로 환궁하셨다.
그리고 드디어 새로운 개혁을 발표하셨다. 환구단에서 하늘에 제사를 올리고 황제 즉위식을 거행한 후, 연호를 '광무', 나라 이름을 (★)이라 선포하셨다. 이제부터 우리는 조선의 백성이 아니라 (★)의 백성이 되는 것이다.

고종 황제, 광무 개혁을 본격적으로 추진하다
(★)은 '전통적인 제도를 바탕으로 서양식 산업과 교육을 받아들이려는 개혁'을 추진한다.
국가의 위상을 높이고자, 황제를 중심으로 하는 자주 독립 국가임을 선포하였다. 각종 회사와 공장을 설립하여 상공업을 육성하고, 토지 제도, 교통 통신 제도, 교육 제도, 군사 제도에 대한 개혁이 이루어질 것이다.

★

13 새로운 문물이 들어와 변화된 조선의 사회 모습에 대해서 이야기하고 있어요. 친구들이 설명하는 것이 무엇인지 보기에서 골라 써 보세요.

> **보기** 전기 전화 전차 철도 광혜원 원산학사

(1) 승기 : 서양식 근대 병원이야. 미국인 선교사 알렌이 고종에게 건의해서 만들었어. '큰 은혜를 입은 집'이라는 뜻이지.

(2) 진순 : 1883년 함경도 덕원 주민들이 만든 최초의 근대식 학교야. 수학 등의 근대 학문과 외국어를 가르쳤어.

(3) 태우 : 1899년 서울과 인천을 연결하는 경인선을 개통으로 경부선, 경의선이 만들어졌어. 한 번에 많은 사람들과 물건을 운반했지.

(4) 은아 : 서울 중심지에서 처음으로, 네모난 상자 같은 곳에 사람을 싣고 달렸어. 1960년대 후반까지 서울의 중요한 교통수단이었어.

14 대한제국의 변화된 풍경을 그린 설명이에요. 맞으면 O표, 틀리면 ×표 하세요.

(1) 양복을 입고 상투를 자른 남자와 통치마와 구두를 신은 여자가 한자리에 둘러앉아 커피와 홍차를 마시고 있어요. (　　)

(2) 서양식 건축물인 중화전과 석어당은 유리, 시멘트, 벽돌로 만들었어요. (　　)

(3) 1887년 경운궁에 처음 전기가 설치되어 궁궐을 환하게 밝혔어요. (　　)

(4) 조선 시대에는 전화를 덕풍률이라고 불렀어요. 궁궐에 처음 설치되었어요. (　　)

15 독립신문에 대한 설명이 맞게 괄호 안에 알맞은 단어를 골라 O해 주세요.

(1) (**독립 협회**, **황국협회**)는 서재필을 중심으로 정부 관리와 개화파 지식인들이 모여 만들었어요.

(2) 국민을 계몽시키기 위해 한글과 영문으로 된 독립신문을 발행하고, 자주 독립 의식을 높이기 위해서 (**독립문**, **영은문**)도 만들었지요.

(3) 우리나라 최초의 근대적 민중 집회인 (**영남 만인소**, **만민공동회**)를 개최하기도 했답니다.

 **암울했던 35년간의 일제강점기**

▶ 손글씨로 정리한 한국사 노트 2 79~101쪽을 읽고 활동해요.

1 다음 사건을 일어난 순서대로 써 보세요.

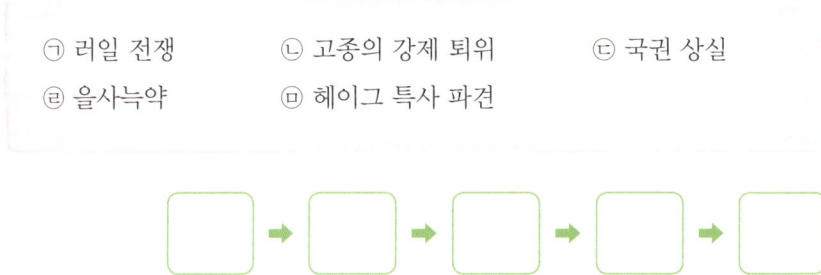

□ → □ → □ → □ → □

2 대한제국이 일본에 나라를 빼앗기는 과정을 설명한 글이에요. (   ) 안에 알맞은 말을 넣어 설명을 완성해 보세요.

러일 전쟁 이후 일본은 대한제국의 (①   )을 빼앗는다는 내용을 담은 조약을 강제로 체결했어요. 이것을 (②   )이라고 해요. 일본은 대한제국에 통감부를 설치하고 이토 히로부미를 초대 통감으로 두었어요. 고종 황제는 끝까지 이 조약이 무효임을 알리기 위해 많은 노력을 기울였어요.

3 창의력 더하기 고종 황제는 네덜란드 헤이그에서 개최되는 제2회 만국 평화 회의에 이준, 이상설, 이위종 등 3명의 특사를 파견했어요. 고종 황제가 헤이그에 특사를 파견한 이유와 그 결과에 대해 보기의 단어를 사용해 써 보세요.

> **보기** 을사늑약, 부당함, 외교권을 상실, 고종 황제 퇴위

---

4 다음 인물들을 설명에 맞게 연결해 보세요.

(1) 장지연 •   • ㉠ 황성신문에 〈시일야방성대곡〉 사설을 발표했어요.

(2) 민영환 •   • ㉡ 이토 히로부미를 암살했어요.

(3) 안중근 •   • ㉢ 태백산 호랑이로 불리며 평민 의병장으로 활약했어요.

(4) 신돌석 •   • ㉣ 자결로 조약의 부당함을 알렸어요.

5 다음 설명에 맞는 우리나라 영토를 빈칸에 써 보세요.

> 이곳은 고구려와 발해의 옛 영토였어요. 숙종 때 '백두산 정계비'를 통해 (★)가 조선의 영토임을 다시 확인했지요. 하지만 일본은 만주에 철도 부설권을 얻는 대가로 청나라와 (★)협약(1909)을 맺어 이곳을 청나라의 영토로 인정했어요.

★ [　　　　]

6 일본의 침략을 막기 위한 의병 활동을 설명한 표예요. 각각의 이름을 써 보세요.

이름	(1)	(2)	(3)
	1895년	1905년	1907년
일어난 이유	을미사변, 단발령	을사늑약	고종의 강제 퇴위와 군대 해산
이끈 사람들	유생 출신의 의병장이 등장함	평민 의병장이 서음 등장(신돌석)	해산된 군인이 의병이 됨

7 다음 노트 정리를 보고, 설명하는 단체의 이름을 써 보세요.

> 1907년 안창호와 양기탁이 비밀리에 조직한 단체이다.
> – 국민 계몽 운동 : 오산학교, 대성학교 설립
> – 민족 자본 육성 : 도자기 회사와 태극서관 운영
> – 독립 기지 건설 : 만주 삼원보에 신흥학교를 설립하여 독립군 양성

8 다음 대한매일신보에 실린 기사 내용을 보고, 물음에 답해 보세요.

> 일본에게 진 국채 1,300만 원은 우리 대한제국의 존망에 직결된 것이다. 2,000만 민중이 3개월 동안 담배를 끊어 매달 한 사람이 20전씩 모으면 1,300만 원이 될 수 있을 것이다. 1원부터 10원, 100원, 1,000원씩 모으다 보면 다 채울 수 있을 것이다.

국가 빚을 백성이 갚아 경제적 자주성을 찾으려고 한 운동이에요. 대한매일신보의 기사를 통해 전국적으로 확대된 이 운동은 무엇일까요?

9 '역사를 잊은 민족에게 미래는 없다'라며 민족의 자주성을 강조한 역사학자예요. 《이순신전》, 《을지문덕전》 등 우리 역사 속 영웅들에 대한 전기를 썼으며, 《독사신론》을 통해 민족주의 역사학의 토대를 마련한 이 역사학자는 누구일까요?

10 다음 표를 보고, 물음에 답해 보세요.

	1910년대	1920년대	1930년대 이후
정치 정책	무단 통치 (조선 총독부 설치)	문화 통치	민족 말살 통치
경제 정책	토지 조사 사업	산미 증식 계획	병참 기지화 정책

(1) 1910년 대한제국의 국권을 강탈한 후에 일본이 대한제국을 식민 통치하기 위해 설치한 기구는 무엇일까요?

(2) 일본이 우리나라의 토지를 동양 척식 주식회사와 일본인에게 팔아 식민 통치에 필요한 재정을 확보하기 위해 벌인 사업은 무엇일까요?

(3) 일본은 우리 민족 정신을 없애기 위해 우리글 사용 금지, 신사 참배, 일본식 성명 개명 등을 강요했어요. 이 통치 방식을 무엇이라고 할까요?

11 찬수는 3·1 운동에 대해 노트 정리를 했어요. 정리한 내용 중 잘못된 내용의 번호를 2개 적고 바르게 고쳐요.

3·1 운동

배경 : ① 미국 대통령 윌슨의 민족 자결주의, 2·8 독립 선언

전개 : ② 민족 대표 33인이 태화관에서 선언서 낭독
③ 학생과 시민은 탑골 공원에서 독립 선언서 낭독 후 만세 운동 전개, 국외로 만세 운동이 확산(미국, 일본, 만주, 연해주 등)
일본의 탄압 : 제암리 학살 사건 등 무력으로 탄압

결과 : 우리 민족의 독립 의지를 전 세계에 알림
④ 일본은 통치 방법을 문화 통치에서 무단 통치로 바꿈
⑤ 민족 독립 운동을 이끌 대한민국 임시 정부를 서울에 수립
중국과 인도 등의 민족 운동에 영향을 줌

| |
| |

12 이화 학당에 재학 중에 3·1 운동에 참가한 뒤, 고향인 천안으로 내려가 아우내 장터에서 만세 운동을 주도하다가 체포되어 서대문 형무소에서 순국한 독립 운동가는 누구일까요?

13 나라 밖 만주에서 일본군과 싸운 전투를 나타낸 지도예요. 각 전투를 이끈 장군의 이름을 각각 써 보세요.

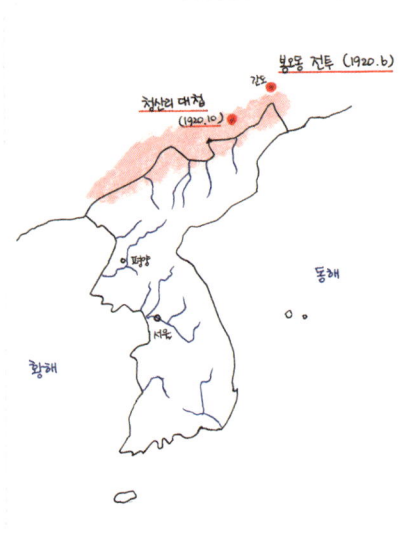

봉오동 전투
1920년 대한독립군이 일본군을 상대로 승리한 전투예요.

(1) [　　　　　] 장군

청산리 대첩
북로군정서와 다른 독립군들이 연합해서 큰 승리를 거둔 전투예요.

(2) [　　　　　] 장군

14 다음 ( ) 안에 알맞은 말을 보기에서 찾아 써 보세요.

> 보기 6·10 만세 운동   광주 학생 항일 운동   이봉창
> 윤봉길   한국광복군   조선어학회

(1) (　　　　　　　　)(1926)은 고종의 장례일에 학생들을 중심으로 일어난 대규모 만세 운동이에요.

(2) (　　　　　　　　)은 1929년 광주발 통학 열차 안에서 한일 학생이 서로 충돌하면서 일어난 운동이에요.

(3) 대한민국 임시 정부가 조직한 독립군 부대인 (   )은 태평양 전쟁 때 일본에 선전포고를 하고, 미국과 연합하여 국내 진공 작전을 계획했어요.

(4) (   )은 1932년 홍커우 공원에서 열린 일왕의 생일 축하 식장에서 일본의 수뇌부를 향해 폭탄을 던졌어요.

(5) (   )은 1932년 1월 일왕이 탄 마차에 폭탄을 던졌어요.

15 독립 활동을 하던 단체에 대한 설명이에요. 단체의 이름을 각각 써 보세요.

(1) 김원봉이 만주에서 조직한 단체예요. 일본 고위 관리와 친일파를 처단했어요. 일본의 식민 통치 기관을 파괴하기도 했지요.

(2) 1920년대 전국에 지회를 만들어 강연회와 연설회를 개최하고 광주 학생 운동을 지원하였어요.

(3) 대한민국 임시 정부를 이끌던 김구가 조직한 단체예요. 대표적인 단원으로 이봉창과 윤봉길 의사가 있어요.

13장 평화 통일을 위해 나아가는 대한민국

▶ 손글씨로 정리한 한국사 노트 2 103~137쪽을 읽고 활동해요.

1 광복과 대한민국 수립 과정을 설명하고 있어요. 일어난 순서대로 써 보세요.

㉠ 국내외 독립운동가들의 노력과 제2차 세계 대전에서 연합군의 승리로 1945년 8월 15일 우리나라는 광복을 맞이했어요.

㉡ 미소 공동 위원회에서 한반도 문제에 대한 합의를 이루지 못하자 미국은 이 문제를 국제연합으로 넘겼어요.

㉢ 얄타회담에서 논의된 38도선을 경계로 남쪽과 북쪽에 각각 미군과 소련군이 들어왔어요. 1945년 모스크바에서는 미국, 소련, 영국 세 나라가 모여 한반도의 신탁통치를 논의했어요.

㉣ 1948년 8월 15일 제헌 국회에서 선출된 이승만을 초대 대통령으로 하여 대한민국 정부가 수립되었어요.

㉤ 국제연합의 감시 하에 남북한 총선거를 실시하기로 했지만 북한의 반대로 남한에서만 총선거를 실시하기로 했어요.

㉥ 1948년 9월 북한에서는 조선 민주주의 인민 공화국이 수립되었어요.

㉦ 1948년 5월 10일 남한에서는 첫 번째 민주 선거로 제헌 국회가 구성되었고, 7월 17일 헌법을 공포했어요.

2 우리나라 선거와 법에 대한 설명이에요. 다음 빈칸에 알맞은 말을 써 보세요.

> 우리나라 역사상 첫 번째 민주 선거는 1948년 5월 10일 (㉠   )을 뽑는 선거였어요. 민주 선거의 4원칙인 보통, 평등, 직접, 비밀 선거로 이루어졌지요. 그 뒤 우리나라 최고의 법인 (㉡   )이 제헌 국회에서 통과되었어요.

㉠ [   ]   ㉡ [   ]

3 김구는 북한에 가서 김일성을 만나 남북 협상을 이끌었어요. 다음 글을 읽고 김구가 남북 협상을 하려고 했던 이유 중 틀린 것을 고르세요.

> **3천만 동포에게 읍고함**　　　　　　　　　　　　　　－김구
>
> 한국이 있고야 한국 사람이 있고, 한국 사람이 있고야 민주주의도 공산주의도 또 무슨 단체도 있을 수 있는 것이다.
> 오늘날 나의 유일한 염원은 3천만 동포와 손목 잡고 통일된 조국, 독립된 조국의 건설을 위하여 노력하는 것이다. 이 몸은 조국이 원한다면 당장에라도 제단에 바치겠다.
> 나는 통일된 조국을 건설하려다가 38도선을 베고 쓰러질지언정 내 한 몸의 편안함을 위해 단독 정부를 세우는 데는 협력하지 아니하겠다. 나는 내 생전에 38도선 이북에 가고 싶다.
>   대한민국 30년(1948년 2월 10일)

① 우리나라가 남과 북으로 분단되는 것을 막으려고 했어요.
② 다른 나라 간섭 없이 자주 통일 정부를 수립해야 한다고 말했어요.
③ 일단 남한에서만 총선거를 하는 것에 찬성했어요.
④ 남과 북이 힘을 합쳐 자주 독립적 통일 정부를 수립하자고 했어요.

4 6·25 전쟁 과정에 대한 지도예요. 일어난 순서대로 써 보세요.

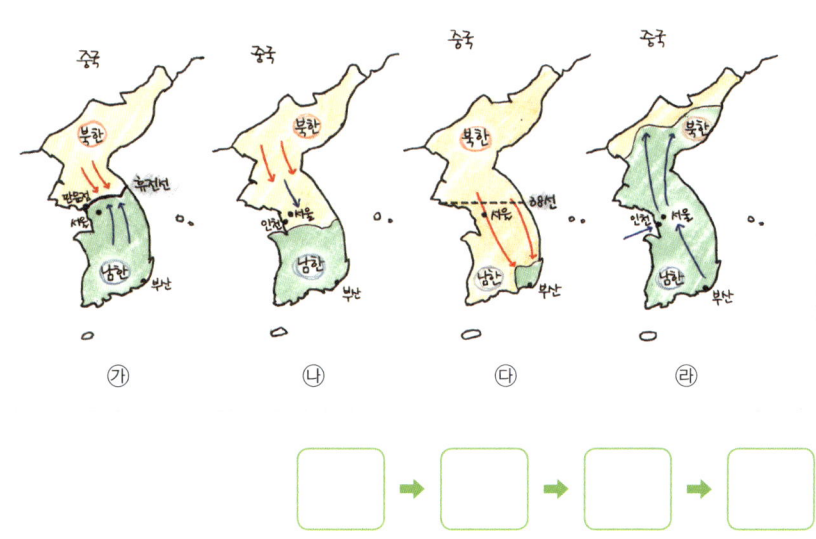

☐ ➡ ☐ ➡ ☐ ➡ ☐

5 6·25 전쟁의 결과에 대해서 보기의 단어를 사용해 써 보세요.

> 보기 이산가족, 휴전 중, 불안감, 증오, 통일, 평화

6 다음 표는 우리나라 민주화 운동을 정리한 거예요. 대표적인 민주화 운동을 빈칸에 각각 써 보세요.

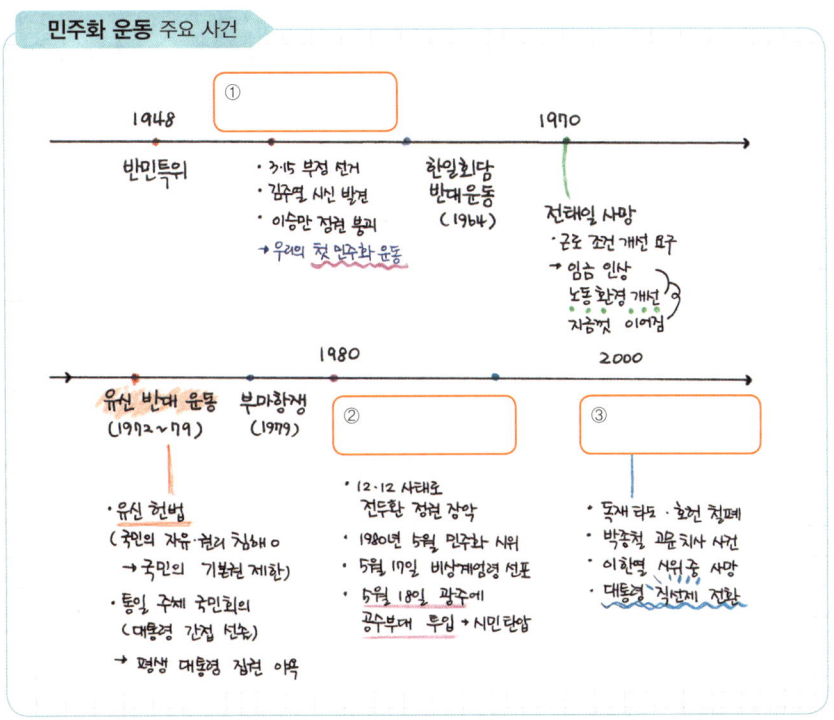

7 다음은 4·19 혁명과 관련된 내용이에요. 일어난 순서대로 써 보세요.

㉠ 이승만은 계속 대통령을 하기 위해 3·15 부정 선거를 저질렀어요.
㉡ 이승만 대통령이 대통령직에서 물러났어요.
㉢ 부정 선거에 반대하며 마산 시민과 학생들이 항의 시위를 벌였어요.
㉣ 4월 19일 전국으로 확산된 시위에 많은 시민과 학생들이 참여했어요.
㉤ 김주열 학생이 마산 앞바다에서 시체로 발견 되었어요.

8 다음은 무엇에 대한 설명일까요?

> 1970년대 농어촌의 마을 길을 포장하고, 지붕을 개량하고, 상품 작물 등을 재배하도록 한 운동이에요. 도시와 농촌을 균형 있게 발전시키기 위해서였지요. 이 운동에 대한 기록물은 2013년 세계 기록 유산에 등재되었어요.

　

9 대한민국 현대 역사를 정리했어요. 빈칸에 알맞은 말을 써 보세요.

1993년 김영삼 정부	– 역사 바로 세우기 : 군사 독재 정권 등 과거 잘못된 유산을 청산 – (① 　　　) : 불법 자금의 유통 차단하고 경제 개혁 실시 – 외환 위기와 국제통화기금(IMF) 구제 금융 신청
1998년 김대중 정부	– 헌정사상 최초로 선거에 의한 여·야 정권 교체 – 국제통화기금(IMF) 구제 금융 극복 – 대화를 통한 햇볕 정책으로 최초로 (② 　　　) 개최 – 6·15 남북 공동 선언 발표 – 2002년 한일 월드컵 개최
2007년	– 제2차 남북 정상 회담 개최 – 남북 관계 발전과 평화 번영을 위한 선언(10·4 남북 공동 선언)
2018년	– 제3차 남북 정상 회담 개최 – 판문점 선언 – 역사상 최초로 북미 정상 회담 개최

1장 한반도 역사의 대부분을 차지하는 선사 시대

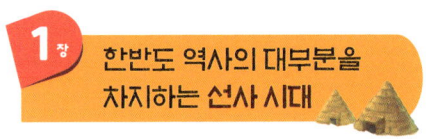

▶ 문제집 10~13쪽

1 (1) 간석기 → 뗀석기
구석기 시대 도구는 뗀석기예요. 간석기는 신석기 시대에 갈돌과 갈판처럼 더 사용하기 편하게 돌을 갈아서 만든 도구예요.

(2) 정착 생활 → 이동 생활
구석기 사람들은 사냥과 채집을 하면서, 먹을 것을 찾아 돌아다니며 살았어요.

(3) 쌀 → 잡곡
쌀농사는 청동기 시대부터 짓기 시작했어요. 신석기 시대까지는 수수, 조, 피, 기장, 콩 같은 잡곡을 길렀어요.

(4) 막집 → 움집
막집은 구석기 시대의 집이에요. 신석기 시대에는 땅을 파고 지은 움집에서 살았어요.

(5) 둥근 무늬 토기 → 빗살무늬 토기
겉면에 빗살이 그려져 있어서 빗살무늬 토기라고 불려요.

(6) 계급 사회 → 평등 사회
신석기 시대에는 땅이나 먹을 것을 공동으로 소유하고 나누는 평등 사회였어요. 계급 사회는 청동기 시대부터 시작돼요.

(7) 있었지만 → 없어서
문자가 없어 글로 된 기록이 없는 시대를 선사 시대라고 해요.

2 신석기 혁명
농경과 목축으로 식량을 생산하게 된 획기적인 변화라서 혁명이라고 불러요.

3 반달 돌칼

4 (1) - ㉢, (2) - ㉠, (3) - ㉣, (4) - ㉡

5 신석기 시대
(1) 조, 피, 수수 등의 밭농사를 지었어요.
(2) 씨족 중심의 평등한 사회를 이루고 생활했어요.
청동기 시대
(3) 벼농사를 짓기 시작했어요.
(4) 농업생산량이 많아지면서 사유 재산이 생겨나고 빈부의 차이가 커지면서 계급 사회가 이루어졌어요. 족장(군장)이 나와 국가도 세워졌어요.

6 (1) O, (2) X, 신석기가 아니라 청동기 시대 설명이에요. (3) O

2장 우리 민족이 세운 첫 나라, 고조선

▶ 문제집 14~20쪽

1 고조선

2 널리 인간을 이롭게 하라(홍익인간)

3 ② 단군은 제사장을 의미하며, 왕검은 정치적 지도자를 말해요. 제사와 정치를 함께 이끄는 지도자였지요.

4 제정일치
단군왕검이라는 이름을 통해 고조선 사회가 제사와 정치를 한 지도자가 모두 이끄는 제정일치의 사회였음을 알 수 있어요.

5 농경

6 곰과 환웅이 혼인했다는 이야기로 보아 고조선은 곰을 섬기는 부족과 하늘을 섬기는 환웅 부족이 서로 힘을 모아 세운 나라임을 알 수 있어요.

7 ⑴ 탁자식 고인돌, ⑵ 비파형 동검

8 ⑴ 생명, ⑵ 농경, 사유, ⑶ 계급, 화폐

9 고인돌은 청동기 시대 지배층의 무덤으로 여겨져요. 거대한 고인돌을 만들기 위해서는 많은 사람들의 힘과 노력이 필요했어요. 이처럼 고인돌을 세우면서 당시 지배층이 자신의 정치적 힘과 경제력을 드러냈지요.

10 위만 조선

11 중계무역

12 ⑴ O, ⑵ X, 고조선의 문화 범위를 알 수 있는 유물은 비파형 동검, 탁자식 고인돌, 미송리식 토기예요. ⑶ O, ⑷ X, 고조선은 한나라의 공격을 받아서 멸망했어요.

3장 고조선 이후에 나타난 여러 나라들

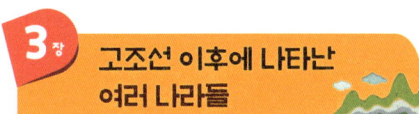

▶ 문제집 21~25쪽

1 ① 부여, ② 고구려, ③ 옥저, ④ 동예, ⑤ 마한, ⑥ 진한, ⑦ 변한

2 ⑴ 부여, ⑵ 옥저, ⑶ 동예, ⑷ 삼한, ⑸ 마한, 진한, 변한

3 ⑴ 부여, ⑵ 순장 제도, ⑶ 옥저/동예, ⑷ 삼한, ⑸ 소도, ⑹ 가야

4장 주몽이 한반도 북쪽에 세운 나라, 고구려

▶ 문제집 26~33쪽

1 ⑴ 국내성, ⑵ 평양성, ⑶ 태조왕, ⑷ 계루부, ⑸ 고국천왕, ⑹ 진대법

2 ⑴ 불교, ⑵ 태학, ⑶ 율령

3 ⑴ 낙동강 북쪽의 땅 → 한강 북쪽의 땅. 백제를 공격해 차지한 곳은 한강 이북의 땅이에요.
⑵ 신라에 침입한 가야를 → 신라에 침입한 왜구
⑶ '내물'이라는 연호 사용 → '영락'이라는 연호 사용. 내물은 신라 왕의 이름이에요.
⑷ 직접 광개토 대왕릉비를 세움 → 장수왕이 광개토 대왕릉비를 세움. 광개토 대왕릉비는 광개토 대왕이 직접 세운 것이 아니고 아들인 장수왕이 세웠어요.

4 ⑴ 장수왕, ⑵ ㉠ 국내성 → ㉡ 평양성
⑶ 장수왕은 수도를 평양성으로 옮기고 남진 정책을 추진하였다. 위협을 느낀 백제와 신라는 나제 동맹을 맺어 고구려에 대항하였다. 그러나 장수왕은 475년 백제를 공격하여 한강 유역을 차지하고 삼국에서의 주도권을 잡았다.
⑷ 중원 고구려비, 충주에 세워진 중원고구려비는 고구려가 남한강 유역까지 진출하였던 사실을 알려주는 비석이에요.

5 광개토 대왕

6 ⑴ X, 이때 중국은 수나라가 통일했어요. ⑵ O, ⑶ O, ⑷ X, 고구려를 공격한 것은 수나라가 아니라 당나라예요. ⑸ O, ⑹ X, 고구려는 신라와 당나라 연합군의 공격으로 멸망했어요.

7 ⑴ 우중문 ⑵ 을지문덕, 고구려 장군 을

지문덕이 수나라 장군 우중문에게 쓴 편지예요. (3) 살수 대첩

8 (1) 굴식 돌방무덤, (2) 구들(온돌) (3) 벽화에 그려진 귀족 여자의 색동 주름치마 모습과 벽화의 내용이 서로 비슷한 것으로 보아 고구려와 일본과의 교류를 알 수 있어요.

의 문화 양식이 아니라 중국, 일본 등의 양식이에요. 이는 백제가 중국, 일본 등과 교류할 정도로 문화적으로 발달했음을 의미해요. 또 화려하고 거대한 무덤을 만들 정도로 왕권이 강했음을 알려 주지요.

10 백제금동대향로

11 박사

12 (1) 고흥, (2) 왕인

5장 온조가 한강 유역에 세운 나라, 백제

▶ 문제집 34~42쪽

1 (1) – ㉣, (2) – ㉠, (3) – ㉡, (4) – ㉢, (5) – ㉤

2 (1) 근초고왕
(2) 근초고왕은 중국의 요서 지방, 산둥반도와도 활발하게 교류했다. 백제는 일본 왕에게 칠지도라는 칼을 선물하였는데, 이를 보면 백제와 일본의 관계도 매우 긴밀했음을 알 수 있다.
(3) 칠지도

3 (1) ㉠ 웅진성, ㉡ 사비성
(2) 위례성 → 웅진성 → 사비성

4 ① 장수, ② 개로, ③ 문주

5 수막새

6 (1) O, (2) X, 백제에 도교가 전래되었음을 알 수 있어요. (3) O

7 ㉠ 미륵사지 석탑, ㉡ 정림사지 5층석탑

8 서산마애삼존불

9 (1) 무령왕 (2) 무령왕릉
(3) 무령왕에서 발굴된 오수전, 진묘수, 백자 등잔, 벽돌 무덤 양식, 금송 등은 백제

6장 사로국에서 출발한 작은 나라, 신라

▶ 문제집 43~55쪽

1 (1) 사로국, (2) 내물왕, (3) 김씨

2 거서간 → 차차웅 → 이사금 → 마립간 → 왕

3 (1) 지증왕, (2) 법흥왕, (3) 선덕여왕

4 (1) – ㉢, (2) – ㉡, (3) – ㉠, (4) – ㉣

5 (1)
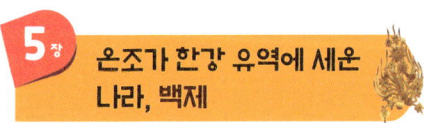
(2) 북한산비
(3) 진흥왕

6 (1) 골품제, (2) 화백 회의, (3) 6두품

7 ⑴ 화랑도, ⑵ 임신서기석, ⑶ 김유신

8 왕권을 강화하면서 왕위를 세습하게 되었고, 정복 전쟁을 해서 영토를 확장했어요. 나라의 여러 가지 제도를 정비하고, 율령을 반포하여 통치 체제도 정비했어요. 또 백성을 정신적으로 통일하기 위해 불교를 받아들이며 왕실의 권위를 높였어요.

9 ⑴ ④, ⑵ 삼국이 전성기일 때 각 나라는 영토를 확장했다. 그리고 한강 유역을 차지하였다. ⑶ 백제 → 고구려 → 백제/신라 → 신라
한강 유역은 내륙과 해상을 연결하는 교통의 중심지였어요. 또 중국의 앞선 문물을 받아들이고, 중국과 교역할 수 있다는 장점이 있기 때문에 삼국은 한강 유역을 서로 차지하려고 했어요.

10 ⑴ 돌방무덤, ⑵ 돌무지덧널무덤, ⑶ 천마도

11 ⑴ 금관가야
⑵
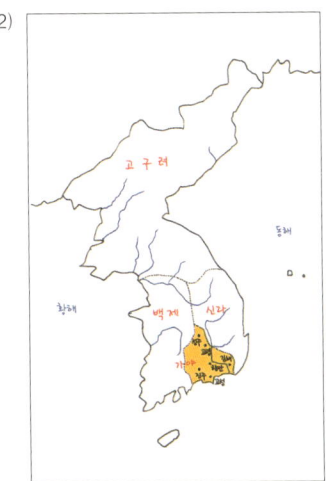
⑶ 대가야
⑷ 고구려 광개토 대왕은 신라를 도와 신라를 침입한 왜를 물리치는 과정에서 가야 지역까지 공격했어요. 특히 금관가야가 있던 김해 지역은 광개토 대왕의 공격을 가장 크게 받아서 세력이 많이 약해졌어요. 가장 피해가 적었던 대가야가 그 다음으로 가야 연맹을 이끌게 되었지요.
⑸ ① 통일, ② 연맹, ③ 신라

7장 삼국을 통일한 최초의 통일 왕조, 통일신라

▶ 문제집 56~62쪽

1 ② → ⑤ → ① → ④ → ③

2 신라의 삼국 통일은 당나라라는 외세를 끌어들였다는 점, 고구려 영토의 대부분을 잃어서 통일된 영토가 대동강 이남에 그쳤다는 점이 아쉬워요. 그러나 나당 전쟁으로 당나라를 몰아내면서 자주적 통일을 이루었지요. 이것은 우리 민족 최초의 통일로, 민족 문화 발전에 크게 기여했어요.

3 ⑴ O, ⑵ X, 고구려는 검모잠과 고연무가 왕족 안승을 내세워 부흥 운동을 이끌었어요. ⑶ X, 당나라는 백제 옛 땅에 웅진도독부, 고구려 옛 땅에 안동도호부, 신라 지역에 계림도독부를 설치하여 한반도를 지배하려 했어요. ⑷ O

4 김춘추

5 ⑴ ① 시중, ② 상대등
⑵ 신라의 수도인 경주가 동쪽에 치우쳐 있어서 이를 보완하려고 5소경을 만들었어요. 옛 고구려, 백제, 가야의 지방 세력을 견제하기 위해서이기도 했어요.
⑶ 9서당

6 ★ : 국학 ▲ : 유교

7 ⑴ 청해진, ⑵ 울산
8 ⑴ 무구정광대다라니경
   ⑵ ㉠ 석굴암, ㉡ 불국사.
9 호족

8장 대조영이 고구려를 계승해 세운 나라, 발해

▶ 문제집 63~66쪽

1 ⑴ 대조영
   ⑵ ㉠ 고구려인, ㉡ 말갈인
2 ⑴ 무왕, ⑵ 문왕, ⑶ 선왕
3 해동성국
4 발해의 지배층은 대부분 고구려 유민으로 고구려 계승 의식이 강했어요. 발해가 일본에 보낸 외교 문서에도 발해를 고(구)려, 왕이라고 표현했어요. 또한 정혜공주 무덤의 무덤 양식과 온돌, 석등 등도 고구려 문화를 계승해서 발달한 것이에요.
5 ⑴ X, 발해는 거란족에게 멸망했어요. ⑵ O, ⑶ O, ⑷ X, 발해는 교육 기관으로 주자감을 만들어 학생들에게 유교 경전을 가르쳤어요. ⑸ X, 발해는 당과 신라를 견제하기 위해 일본과는 친하게 지냈어요. 신라와는 처음에는 대립하였으나, 신라도라는 교통로를 설치하고, 사신을 주고받으며 관계를 개선했어요.
6 3성 6부제
7 신라, 발해

9장 민족을 완전히 통일한 왕조, 고려

▶ 문제집 67~82쪽

1 ㉡ → ㉢ → ㉠ → ㉣ → ㉤
2 태조 왕건
3 태조 왕건은 국호를 고려라고 짓고 고구려 계승 의식을 밝혔어요. 또한 고구려의 수도인 서경을 중시하였으며, 고구려를 계승한 발해를 멸망시킨 거란은 적대시했어요.
4 ㉠ 사심관, ㉡ 기인
5 훈요십조
6 과거제도, 노비안검법
7 성종
8 최승로, 시무 28조
9 ③ → ② → ① → ④
10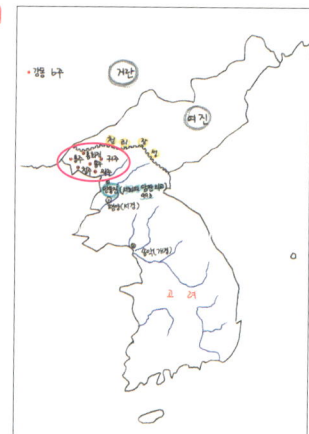
강동 6주
11 귀주, 강감찬
12 별무반

13 ② → ① → ④ → ③

14 (1) 묘청의 서경 천도 운동
   (2) 무신 정권
   (3) 만적의 난

15 (1) ②, (2) ④, (3) ⑤

16 강화도

17 삼별초

18 ①, ②

19 고려대장경(팔만대장경)

20 벽란도

21 (1) – ㉡, (2) – ㉠, (3) – ㉣, (4) – ㉢
대각국사 의천은 교종을 중심으로 선종을 통합하여 새로운 천태종을 만들었고, 보조국사 지눌은 선종과 교종을 동시에 수행해야 한다고 주장하며 조계종을 만들었어요. 팔만대장경은 몽골의 침입을 물리치고자 부처님 말씀을 나무에 새긴 것으로, 정식 이름은 고려대장경이에요. 직지심체요절은 1377년 청주 흥덕사에서 금속활자로 찍어 낸 책이지요.

22 상감 기법

23 ㉠ 삼국사기, ㉡ 삼국유사

24 공민왕의 개혁 정치는 고려가 원나라의 간섭에서 벗어나 자주성을 회복하는 계기를 마련했어요. 또 신진 사대부가 성장하는데 큰 역할을 했어요.

25 ㉠ 쌍성총관부, ㉡ 신진사대부

26 (1) 홍건적, (2) 왜구, (3) 최영, (4) 최무선, (5) 이성계

10장 이성계가 세운 유교의 나라, 조선

▶ 문제집 84~104쪽

1 (1) ★ 신진사대부, (2) ▲ 신흥무인 세력

2 (1) ② → ④ → ③ → ①
(2)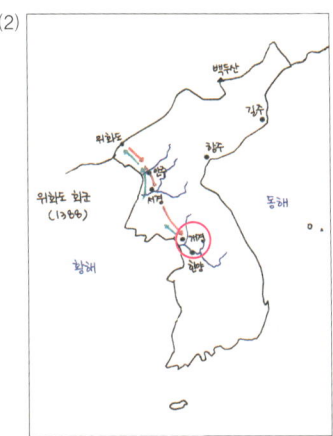
한양

3 (1) 북쪽 산–백악산, 서쪽 산–인왕산, 동쪽 산–타락산, 남쪽 산–목멱산
(2) ㉠ 경복궁, ㉡ 사직단, ㉢ 종묘
(3) 동쪽 문–흥인지문, 서쪽 문–돈의문, 남쪽 문–숭례문, 북쪽 문–숙정문

4 ④ 성종. 성종은 조선 최고의 법전인 경국대전을 완성하고 유교적 법치 국가의 틀을 완성했어요. 일성록은 정조가 처음으로 쓰기 시작한 왕의 일기예요.

5 (1) 집현전, (2) 훈민정음, (3) 장영실, (4) 4군 6진

6 (1) – ㉢, (2) – ㉡, (3) – ㉠, (4) – ㉤, (5) – ㉣

7 경국대전

8 (1) – ㉢, (2) – ㉠, (3) – ㉡

9 ⑴ 의정부, ⑵ 사헌부, ⑶ 성균관

10 고려 시대에는 여성의 지위가 비교적 높았어요. 아들과 딸에게 재산 상속이 고르게 되었고, 제사도 돌아가며 지냈어요. 그러나 조선 중·후기에 유교 질서가 굳어지면서 여성의 사회적 지위가 낮아졌어요. 집안일에만 전념하며 엄격하고 통제된 생활을 하게 되었지요.

11 ④, 군대에 가서 나라를 지키고 세금을 내야 하는 의무는 상민에게 있었어요. 천민과 노비는 세금과 부역의 의무가 없어요. 노비는 주인의 재산으로 취급되어 사고팔 수 있었으며, 주인을 위해 여러 가지 일을 했어요.

12 ⑴ ○, ⑵ ○, ⑶ ✕, 남자 어른이 머무는 곳을 사랑채, 여자 어른이 머무는 곳을 안채라고 해요.
⑷ ✕, 학문과 교육은 유교를 바탕으로 했어요. ⑸ ○

13 ⑴ 사림, ⑵ 서원

14 ⑴ 이황, ⑵ 이이

15 ① → ③ → ⑤ → ② → ④

16 ⑴ 효종, ⑵ 광해군, ⑶ 인조

17 정조는 화성을 정치적, 군사적, 경제적 기능을 갖춘 새로운 도시로 만들려고 했어요. 화성을 상업의 중심지로 삼고, 국왕 중심으로 정치를 운영하기 위해서 실시한 정조의 개혁 정책 가운데 하나였지요.

18 ① 균역법, ② 탕평책, ③ 장용영, ④ 거중기

19 ① 규장각, ② 장용영, ③ 수원 화성

20 ⑴ 모내기법, ⑵ 상평통보, ⑶ 송상, ⑷ 경강상인, ⑸ 공명첩

21 실학

22 ⑴ 대동여지도, ⑵ 판소리, ⑶ ㉠ 진경산수화, ㉡ 풍속화

23 ⑴ 천주교, ⑵ 동학

24 세도 정치

25 ① 홍경래의 난, ② 진주 농민 봉기

11장 혼란한 세계 속에서 일어난 대한제국

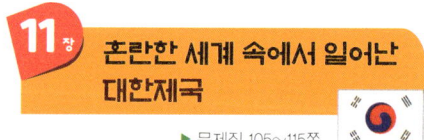

▶ 문제집 105~115쪽

1 ⑴ ①, ② 흥선 대원군은 붕당 정치의 토대가 되는 서원을 전국에 47개만 남기고 정리했어요. 서원이 가지고 있던 땅과 노비도 빼앗아서 양반들의 불만이 커졌지요. 호포제 역시 양반에게도 군포를 내게 한 제도로 양반들의 불만이 더욱 높아졌어요.
⑵ 경복궁 재건
⑶ 흥선 대원군의 쇄국 정책으로 병인양요와 신미양요에서 외세를 자주적으로 막아 낼 수 있었어요. 그러나 쇄국 정책으로 세계 정세를 제대로 알지 못해 근대화가 늦어진 것은 아쉬운 점이에요.

2 ㉢ → ㉡ → ㉠ → ㉣ → ㉤

3 병인양요

4 척화비

5 강화도 조약

6 ① 별기군, ② 영선사, ③ 미국

7 ㉠ 병인양요, ㉡ 신미양요, ㉢ 강화도 조약

8 ⑵, 1875년 일본이 운요호 사건을 구실로 통상을 요구해서 맺은 조약이에요.

9 (1) 임오군란, (2) ㉠ 급진개혁파, ㉡ 청나라, ㉢ 일본, (3) ㉠ → ㉣ → ㉤ → ㉢ → ㉡, (4) 임오군란, 갑신정변

10 갑오개혁

11 ㉮ 삼국 간섭, ㉯ 을미사변, ㉰ 아관파천

12 대한제국

13 (1) 광혜원, (2) 원산학사, (3) 철도, (4) 전차

14 (1) O, (2) X, 서양식 건축물인 정관헌과 석조전은 유리, 시멘트, 벽돌을 이용해서 만들었어요. (3) X, 1887년 경복궁 향원정에 처음으로 전기가 설치되어 궁궐을 환하게 밝혔어요. (4) O

15 (1) 독립협회, (2) 독립문, (3) 만민공동회

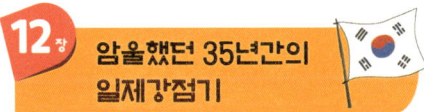
12장 암울했던 35년간의 일제강점기
▶ 문제집 116~123쪽

1 ㉠ → ㉣ → ㉤ → ㉡ → ㉢

2 ① 외교권, ② 을사늑약

3 고종 황제는 을사늑약의 부당함을 전 세계에 알리기 위해서 헤이그에 특사를 파견했어요. 그러나 을사늑약으로 외교권을 상실한 대한제국은 회의에 참석할 수가 없었어요. 일본은 헤이그 특사를 파견했다는 것을 구실 삼아 강제로 고종 황제를 퇴위시켰어요.

4 (1) – ㉠, (2) – ㉣, (3) – ㉡, (4) – ㉢

5 간도

6 (1) 을미의병, (2) 을사의병, (3) 정미의병

7 신민회

8 국채보상운동

9 신채호

10 (1) 조선 총독부, (2) 토지 조사 사업, (3) 민족 말살 통치

11 ④ 무단 통치에서 문화 통치로 바꿈, ⑤ 대한민국 임시 정부를 상하이에 설치, 3·1운동을 통해 일본은 무단 통치의 한계성을 느끼고 조선의 통치 방법을 문화 통치로 바꾸었어요. 대한민국 임시 정부는 일본의 영향이 미치지 않고, 다른 나라의 공사가 위치해 있어 외교 활동이 편리한 상하이에 수립되었어요.

12 유관순

13 (1) 홍범도, (2) 김좌진

14 (1) 6·10 만세 운동, (2) 광주 학생 항일 운동, (3) 한국광복군, (4) 윤봉길, (5) 이봉창

15 (1) 의열단, (2) 신간회, (3) 한인애국단

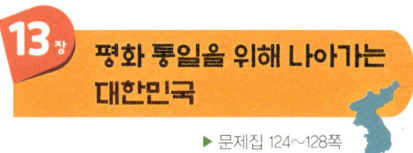
13장 평화 통일을 위해 나아가는 대한민국
▶ 문제집 124~128쪽

1 ㉠ → ㉢ → ㉡ → ㉤ → ㉥ → ㉣ → ㉧

2 ㉠ 국회의원, ㉡ 헌법

3 ③, 남한에서만 총선거를 하면 남북이 분단될 거라며 반대했어요.

4 ㉰ → ㉣ → ㉯ → ㉮

5 전쟁으로 많은 사람이 죽거나 다쳤고, 이산가족이 생겨났어요. 나라의 시설도 대부분 파괴되어서 복구하는데 많은 노력이 시간이 들었어요. 지금도 전쟁이 끝나지 않았고 휴전 중이에요. 남과 북은 서로 미워하고 증오하게 되었고, 불안감도 계속 이어지고 있어요. 하루빨리 통일이 되어 이러한 불안감과 증오를 없애고 한반도에 평화를 이루어야 해요.

6 ① 4·19 혁명,
   ② 5·18 광주 민주화 운동,
   ③ 6월 민주 항쟁

7 ㉠ → ㉢ → ㉤ → ㉣ → ㉡

8 새마을 운동

9 ① 금융 실명제, ② 남북 정상 회담